中华先锋人物
故事汇

林俊德
铸造"核盾"的马兰英雄

LIN JUNDE
ZHUZAO HEDUN DE MALAN YINGXIONG

徐鲁 著

党建读物出版社　接力出版社

图书在版编目（CIP）数据

林俊德：铸造"核盾"的马兰英雄/徐鲁著. —南宁：接力出版社；北京：党建读物出版社，2021.6（2024.5重印）
（中华人物故事汇. 中华先锋人物故事汇）
ISBN 978-7-5448-7192-1

Ⅰ.①林… Ⅱ.①徐… Ⅲ.①传记小说－中国－当代 Ⅳ.①I247.5

中国版本图书馆CIP数据核字(2021)第084513号

林俊德——铸造"核盾"的马兰英雄
徐 鲁 著

责任编辑：申立超 刘 靖
责任校对：王 蒙 张琦锋
装帧设计：严 冬 许继云　　美术编辑：高春雷
出版发行：党建读物出版社　接力出版社
地　　址：北京市西城区西长安街80号东楼（邮编：100815）
　　　　　广西南宁市园湖南路9号（邮编：530022）
网　　址：http://www.djcb71.com　http://www.jielibj.com
电　　话：010-65547970/7621
经　　销：新华书店
印　　刷：河北鹏润印刷有限公司
2021年6月第1版　2024年5月第4次印刷
787毫米×1092毫米　32开本　6.25印张　86千字
印数：25 001—30 000册　定价：28.00元

版权所有 侵权必究

质量服务承诺：如发现缺页、错页、倒装等印装质量问题，可直接联系本社调换。
服务电话：010-65545440

目 录

写给小读者的话 ········· 1

迟迟未到的新生 ········· 1

穿草鞋的少年 ········· 9

西子湖畔的苦读时光 ······· 17

共和国的召唤 ········· 27

崇高的使命 ········· 35

给阿妈的惊喜 ········· 41

沸腾的大漠 ········· 47

艰苦岁月 ········· 55

电报大楼的钟声·········65

再见,紫美村·········75

滚烫的初心·········87

倚天长剑·········99

蘑菇云升起的时刻·······109

雪山奇兵·········123

胡杨树与马兰花·······133

罗布泊的孩子·······145

英雄的本色·········153

童话里的"魔袋"·······163

忘我的人·········169

奋斗到最后一刻·······179

写给小读者的话

"大漠,烽烟,马兰。平沙莽莽黄入天,英雄埋名五十年。剑河风急云片阔,将军金甲夜不脱。战士自有战士的告别,你永远不会倒下!"二〇一三年二月十九日,在"感动中国2012年度人物"颁奖典礼上,主持人含泪宣读了组委会为已故的将军院士林俊德撰写的颁奖词。

林俊德(1938—2012)是我国著名核物理学家、爆炸力学工程技术专家,也是在罗布泊大漠里隐姓埋名奋斗了几十年,为新中国铸造起坚固"核盾"的英雄之一。

林俊德一从大学毕业,就被国家挑选出来,参军入伍,先后参加了我国第一颗原子弹、第一颗氢弹的试验任务。他也是少数几位参加了我国全部四十五次核试验任务的科学家之一，为祖国的国防科技和武器装备事业的发展倾尽了毕生的心血。直到晚年，他患上癌症，还仍然忍受着病痛的折磨，在病房里工作到生命的最后一刻。

在生前的最后几天里，林俊德院士知道生命留给他的时间不多了，为了不影响工作，他毅然拒绝了手术和化疗。因为他是一位从事秘密工作的科学家，他需要把保存在电脑里的许多没有完成的课题，一一交接给他的同事和学生。

在病房里，他浑身插满了各种管子，身体已经十分虚弱了。可是，他先后九次向家人和医护人员提出，要下床工作。家人只好把他的电脑桌抬进了病房。于是，病危中的林俊德，被家人搀扶着，坐在电脑前，开始了一生中最艰难，也是最后的冲锋……

医生和护士们都被这位老科学家坚强的意志感动得哭了。工作了两个小时后，已接近昏迷的林俊德被抬回了病床。稍微清醒时，他反复叮嘱学生，办公室里还有什么资料要整理……几个小时后，心电仪上波动的生命曲线，从屏幕上永远变直了。他留给人们的最后一句话是："请把我埋在马兰……"

马兰，是林俊德院士战斗、工作和生活过的地方。在那片大沙漠上，无论是坚韧不拔的胡杨树，还是迎着风雪盛开的马兰花，不仅都有着顽强的生命力，而且每年最早给罗布泊沙漠带来春天和希望。林俊德和他的战友们工作过的核试验基地，就是以"马兰"命名的。

在马兰，还有一座庄严肃穆的"马兰革命烈士陵园"，位于新疆罗布泊大漠中的马兰基地生活区西门边。往南走就是博斯腾湖，往北去就是巍峨迤逦的天山。自一九五八年新中国的一代英雄儿女在这里组建了核试验基地以来，有许多部队的官兵、科技人员、后勤人员……都牺牲在了这片鲜为人知的"战场"上。

庄严肃穆的马兰革命烈士陵园，就是在当年这片胡杨林地上建起来的。陵园里并排竖立着三百多座洁净的墓碑，三百多位用血肉和智慧铸就了共和国"核盾"的马兰英雄，静静地安睡在这里。

他们的青春，他们的笑容，他们年轻的生命，在戈壁大漠上化作了永恒。他们的英灵，就像罗布泊的胡杨树一样，活着，千年不死；死了，千年不倒；倒下，千年不朽！

凡是在罗布泊战斗过的革命先辈们，在他们去世后，几乎无一例外，都会留下一条遗言：把我送回罗布泊，送回马兰，埋在那些早逝的战友身边。曾经率领着千军万马进军罗布泊的中国首任"核司令"张蕴钰将军，是这样做的；中国核科学事业的主要开拓者之一，亲身参与并见证了新中国原子弹、氢弹、中子弹等核武器从无到有、从弱到强的发展历程，被人们称为"战略科学家"的朱光亚院士，也是这样做的。

陵园里矗立着一座高指蓝天的"马兰革命烈士纪念碑"，基座上镌刻的碑文，也是由两院院士、"两弹一星"元勋朱光亚亲笔题写的。

碑文里这样写道："这是一块沉睡了千年的国土，又是一块挺起祖国母亲脊梁的热土！自一九五八年组建核试验基地以来，我国在这里成功地进行了一次次原子弹、氢弹、导弹核武器实验。瞬间的辉煌铸造了共和国的和平盾牌，也为社会主义中国成为有重要影响的大国争得了地位，更激起了饱受外国列强屈辱的炎黄子孙的自尊与骄傲！安葬在这里的人们，就是为创造这种惊天动地业绩而献身的一群中华民族的优秀儿女。……他们的生命已经逝去，但后来者懂得，正是这种苍凉与悲壮才使'和平'二字显得更加珍贵。安息吧！前人所钟爱的事业将继续下去，直到世界宁静之日；他们曾参与创造的'艰苦奋斗、无私奉献'的马兰精神，已为后来者继承和发扬；他们的英名将彪炳史册，久仰后人！……"

"干惊天动地事，做隐姓埋名人。"为了这一句誓言，林俊德和他的战友们默默坚守，奉献了自己的一生。

二〇一四年清明节，林俊德的骨灰也被护送到了他工作和战斗了大半辈子的马兰，安葬在这座陵园里。从这一刻起，他再也不用"隐姓埋名"了。

因为"林俊德"这个名字，早已镌刻在了我们伟大祖国国防科技建设事业高大而坚固的丰碑上！

在这座丰碑上，不仅闪烁着实现中华民族伟大复兴中国梦的光辉，也凝结着为锻铸民族利剑，捍卫国威、军威的科学英雄和强国功臣们生命的光华。

那么，这位不朽的将军院士和马兰英雄的故事，我们该从哪里讲起呢？

迟迟未到的新生

一九五五年九月，浙江大学新生报到截止的日子已经过去好几天了，有的系已经开始正式上课了。可是，机械系有一个名叫林俊德的新生，仍然迟迟没有来报到。

这可把负责机械系新生报到的老师们给急坏了！

一位老师拿着新生花名册，向系主任汇报说："主任，按照录取通知要求，早过了新生报到的时间了，但这个叫林俊德的新生还没有来报到，会不会是遇到什么特殊情况，不想来读大学了？要不要从花名册上勾掉这个名字？"

系主任拿过花名册看了看，说："这个学生的籍贯是福建省永春县介福乡,那里属于偏远的闽南山区,距离杭州路途遥远,也许是因为交通不便,耽误了路程吧?"

"那也应该提前动身哪!"

"还是再等等吧!一个山村孩子,能考上浙大,可不是一件容易的事!再说了,国家现在正急需人才,能多培养出一个我们自己的大学生,就是对国家多做了一份贡献!"

说到这里,系主任把花名册交给老师,笑着说:"耐心点,敞开大门,继续等等吧!"

系主任猜得没有错,这名新生在来浙大的路上,的确误了一些路程。原因不是别的,就是为了节省路费,有好几段车程,他竟然舍不得买票坐车,穿着草鞋,疾步匆匆地赶到火车站。结果,当他好不容易来到浙大校园时,机械系已经开课两三天了。

这一年,林俊德十七岁,是一个风华正茂的山村少年。

一九三八年三月十三日,林俊德出生在福建省永春县介福乡的紫美村。介福乡是一个山水灵秀的地方。据说在明代，这里有一个知县名叫骆起孟，他看到这里山水秀丽，山上的小平原宽阔肥沃，像一块被覆盖着的"福地"，所以就起名叫"盖福"，谐音为"界福"。解放后，这里的百姓根据谐音，又称之为"介福"。

在旧社会，像各地的许多小山村一样，紫美村交通不便，也十分偏僻、贫穷和落后。小小的村子恰似被岁月遗忘在大山深处的一粒种子，家家户户盼着一年四季风调雨顺。村民们过着日出而作、日落而息的寂寞光景。

林俊德的童年，因为家里兄弟姐妹众多，家境十分贫困。林俊德上有一个姐姐，下有两个妹妹和一个弟弟。俊德小学毕业后，家里供不起他继续念书了，就在家里待了大半年，一边帮阿爸、阿妈干农活儿，一边照料弟弟和妹妹。

他看到阿爸、阿妈起早贪黑的，那么辛苦，就在心里暗暗下了决心，想彻底放弃学业，早点挣钱养家。

但是，这个小小少年很喜欢看书，小脑袋瓜儿也挺机灵，遇到事情总是喜欢"打破砂锅璺

（问）到底"。所以，邻居们都劝他阿妈说："俊德这孩子，不念书太可惜了呀！"

阿妈满脸愁苦地说："谁说不是哪！可是……家里这么多张嘴要吃饭……真难哪！"

幸亏当地人民政府给家境困难的学生发放了助学金，帮助他们继续上学，学习文化。林俊德就像一株正处在干旱中的小苗，幸运地等来了及时的雨水。林俊德依靠政府助学金，继续上了中学。

二〇一一年秋天，七十多岁的林俊德，重返自己的家乡，在参加自己的母校永春一中建校一百零五周年校庆时，跟新一代的同学们这样说道："我是山沟里穷苦人家出身，如果当时没有国家的助学金，我根本就上不了中学，也上不了大学，更不可能成为科学家，成为将军和院士。是共产党和新中国，让我家'绝路逢生'。'谁言寸草心，报得三春晖'，我后来所做的一切，都是对祖国母亲的一种寸草春晖的'报答'……"

家乡紫美村，留在他童年里的印象，是青翠、祥和和安静的。村外有漠漠的水田、弯弯曲曲的山路，还有一片片青翠的竹林和小松林。一栋栋农家小屋虽然低矮，但每天早晚总是炊烟袅袅，农民在水田里耕田，在田埂上运肥，青青的山谷中，到处都散发着玉米、干草和牲畜的气息。还有人情怡怡的邻里关系，正午的锯木场和小商店，寂寞的、闪闪发亮的绕村小溪，火光闪耀的烧砖窑……

俊德从小就勤快，能吃苦。放学回家后，他就帮阿爸、阿妈干各种农活儿，耕田、插秧、割稻、砍柴、挑水、打猪草样样都会。

不幸的是，读高一那年，俊德的阿爸积劳成疾，病逝了。阿爸不在了，就像顶梁柱塌了，家里的重担就全落在了阿妈和姐姐身上。俊德看在眼里，急在心上。因为心疼阿妈，俊德在永春一中念书期间，每逢周六下午，都要一路小跑地赶几十里山路，为的是能早一点儿回家，帮阿妈多干点活儿。

星期天从早干到晚，傍晚时趁着天还没有黑下来，又急匆匆地沿着山路跑回学校去上学。

阿妈也心疼儿子，就说："俊德啊，你不用太担心阿妈,有你姐姐和弟弟帮阿妈,你只要安心念书,阿妈就欢喜哪!"

俊德笑着说:"阿妈,你知道吗?我只要回家来,就不用在学校吃饭了,一顿饭能省下两毛五分钱呢!能省下一点儿是一点儿,积攒起来,不是也可以帮平德和一德交学费吗?"平德是他的弟弟,一德是他的妹妹。

阿妈心疼地说:"俊德,这样真是太苦了你啦!阿妈心里不好受啊!"

"没事的,阿妈,你放心吧,我身体结实!再说,来回在山路上奔跑,正好也可以强健身体嘛!"

每次回学校时,阿妈都会让俊德穿上一双她新编的草鞋,还会准备好米袋,里面装着他每周要交给学校食堂的口粮,然后一直送他到村口,看着他背着米袋,朝着县城方向快步奔去,才算放心。

可阿妈不知道的是,有时候天晚了,俊德也放心不下阿妈,等阿妈转过身时,俊德又会悄悄返回来,躲避着阿妈的视线,一直看着阿妈走回家门，才会再次转身，朝着学校的方向飞奔而去……

一九五五年夏天，林俊德从永春一中毕业。这年七月，他以优异的高考成绩，被著名高等学府——浙江大学录取了！

收到大学录取喜报那天，他正在山上收拾着砍来的柴火。妹妹一德气喘吁吁地跑来，大声喊着："哥哥，哥哥！喜报到了，喜报到了！"

俊德正要挑起柴火担子，听见妹妹的声音，赶忙望去。

妹妹兴奋地扬着手中的录取喜报，奔跑过来："哥哥，你考上大学了！录取喜报送到村里来了！"

林俊德似乎还不敢相信这个事实，惊喜地问道："是真的吗？太好了！快给我看看。"

"啊，是浙江大学机械制造系，太好了！总算给阿妈争了一点儿光彩了！"抽出录取喜报看完，俊德高兴地说，"走，我们回家告诉阿妈去，好让阿妈高兴高兴！"

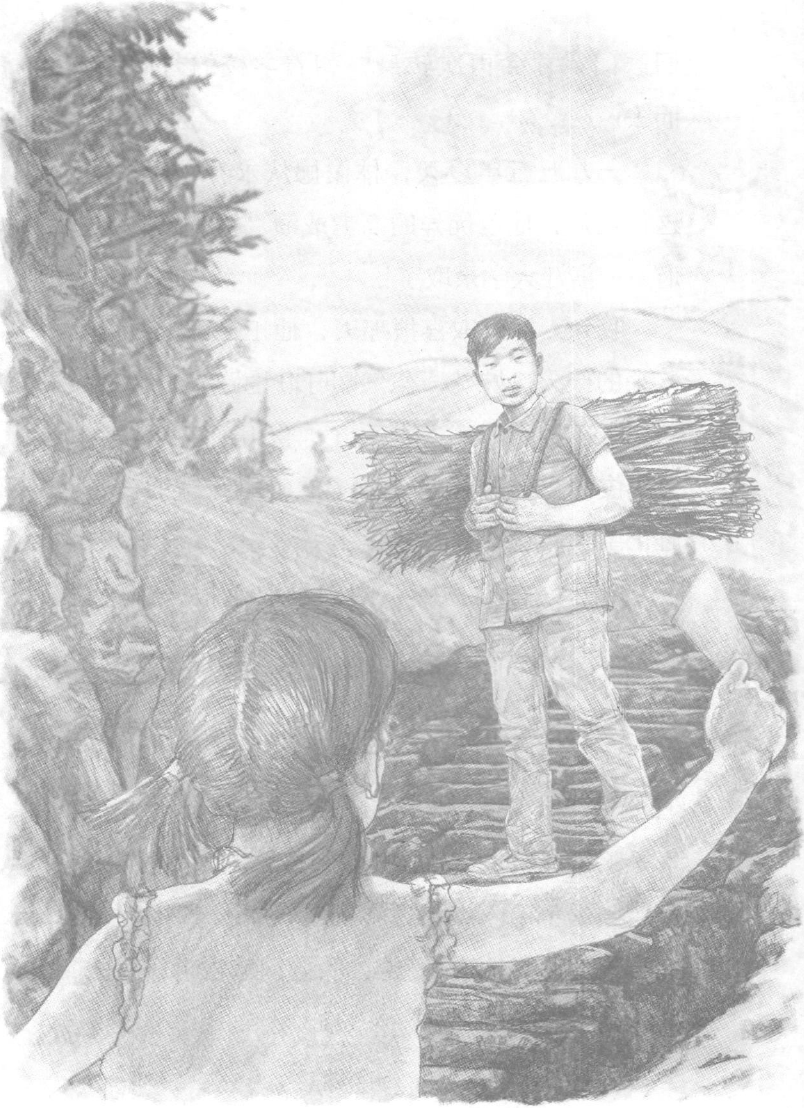

穿草鞋的少年

林俊德考上大学，给阿妈带来的巨大欢喜是无法形容的。要知道，当时，一个在小山村里长大的农家少年，能考上浙江大学这样的名牌大学，简直就像人们说的"茅屋里出了个状元公"，这不仅在紫美村，就是在整个介福乡，也是少有的大喜事啊！

可是，喜悦过后，接下来的是，怎样拿出一笔上大学的路费和学费，这一下子就把林俊德和他的阿妈给难住了。

是呀，守寡的母亲艰辛地养着五个正在长身体的孩子，一天三餐能不能填饱肚子，就已经够让她担忧的了，哪里还有余钱供儿子念大学呢？

眼看着入学报到的日子一天天临近了，阿妈几乎一夜之间急白了头发。

也许是老天故意要给林俊德加深一些记忆，这天晚上，一个又一个响亮的霹雳不断地响起，村里村外暴雨如注……

在简陋的农家矮屋里，阿妈正在忙碌地做着晚饭。林俊德垂头丧气地一边拉着风箱，一边闷头往灶里续着柴草。

这时候，他的心情像他手中的风箱一样，越拉越沉重。

"阿妈，这个大学……我……我不想去念了。路费、学费，还有被子……都得用钱！家里哪能拿得出这笔钱来！"林俊德闷了半天，说出了他的打算。

阿妈却一边忙活着，一边坚定地说："念，非去念不可！好不容易考上了，哪能说不去就不去！你不用急，阿妈就是借遍了四乡邻居亲戚，也得给你把念大学的钱凑起来！"

俊德说："阿妈，这样我就更不忍心了！我一走，钱还不是得你们还？平德和一德都还小，还不是全得靠你一个人劳作？我不干！"

说着，林俊德停止拉风箱，又拿起放在风箱上的录取通知书看了看，脸上早已没有了刚接到时的那种欣喜，只剩下了忧愁。

看着看着，他眼睛一闭，准备把录取通知书丢进灶火里去……阿妈见了，顿时大惊失色，一把抢了过去，大声说道："孩子，你可别给阿妈做傻事啊！"

可是，俊德的性格从小就非常执拗，他打定的主意，九匹马也拉不回来。

这天晚上，就在一道道闪电的照耀下，在老家的堂屋里，俊德双腿跪在了阿爸的遗像前……

阿妈含着眼泪对他说："孩子，当着你死去的阿爸的面，还有林家的列祖列宗，你自己说吧，你为什么不去念这个大学了？"

俊德心里委屈，眼里满含着泪水，说："阿爸，儿子对不起你和阿妈了，这个大学，儿子读不成了！你活着的时候，天天叮嘱儿子好好念书，不是儿子不想念书啊，实在是……实在是拿不出这个学费来啊！"

"他阿爸,孩子能考上大学,这是全家的福分,你要是还活着,该多高兴!如今,都怪我没有用呀,连给儿子上学的学费都凑不出来,我对不起孩子啊!"

这时候,林俊德忍不住哭出了声音,说:"阿妈,你别说了,别说了,这个大学,真的不读了!我明天就去队里干活儿……"

林俊德话音未落,门忽然被推开了。

只见门外,在炽亮的暴雨闪电光中,站着戴着斗笠、披着蓑衣的村支书和乡亲们。村支书,还有大队会计、乡亲们,都冒着大雨来了。

村支书一进门,还故意嚷嚷着:"林家阿嫂,我们来看看,你给我们的'状元公'做了什么好吃的?"

这时候,俊德赶紧擦去眼泪,起身招呼大家。

村支书说:"俊德啊,你是好样的!从你小时候我就没有看错你,你是咱紫美村的一棵好苗子!我和乡亲们来你家呢,首先是代表村里,也代表乡里,向你和你阿妈道喜,表示祝贺!"

林俊德的阿妈赶紧说:"孩子能有今天这点

出息，还不是乡亲们平时对孩子教育得好！他阿爸死得早，你和村里的阿伯阿叔，都像他阿爸一样，时时照顾着孩子……"

俊德说："是啊，阿妈说得对，没有乡亲们对我的教育，我还不是一个野孩子？"

"不，这是你自己努力的结果！除了表示祝贺，还有一点儿心意，也算是村里和乡里对你考上大学的一点儿奖励。"

原来，村支书听到俊德考上了大学的喜讯，就马上去了趟介福乡，报告了这个喜讯，请乡里给予一点儿奖励和资助。乡领导一听，也很高兴，说："介福乡能考出这么一个被名牌大学录取的大学生，真不容易，这可是全介福乡的骄傲啊！这样，村里和乡里都各拿出一点儿钱，作为对俊德的奖励。"

几天前，阿妈还悄悄到乡信用社里借了五十元钱。当时，浙江大学还有一个制度，就是给每一位偏远地区的新生补助二十元的路费。

把这几笔钱凑在一起，林俊德上大学的费用问题总算是解决了！

村支书说:"俊德啊,你是从咱紫美村走出去的'状元公',总不能穿着草鞋、穿着打着补丁的衣裳去上大学吧?让阿妈赶紧给你扯几尺布,缝一套新衣裳,再买一双新鞋……"

林俊德听了,鼻子发酸,说:"我从小就靠政府和村里给的助学金念书,真不知道……以后该怎么报答乡亲们对我的养育之恩!"

村支书说:"好小子,有你这句话,就比什么都好!出去了好好念书,学好本领,为咱们的国家好好出力、多做贡献,就是对家乡,对乡亲们,对你的阿妈,还有你死去的阿爸最好的报答!"

阿妈说:"俊德,你记住了吗?你能念成这个大学,多不容易啊!"

林俊德使劲地点点头说:"我都记住了,阿妈,你们都放心吧!我一定不会给紫美村和乡亲们丢脸的!"

就这样,林俊德再一次"绝路逢生",终于踏上了赶往大学报到的路程。

这个当时身高只有一米五八、长得又黑又瘦

的山村少年，是穿着草鞋、穿着一身打满补丁的衣裳，挑着简陋的铺盖担子，踏上一条新的求学之路的。

当他走过家乡弯弯的山道，回头望着站在村口的阿妈、姐姐、弟弟、妹妹，还有朝他挥手的乡亲们时，他的眼泪再也控制不住了……

再见，阿妈，你要多保重啊！他在心里默默说道。

这个穿着草鞋、挑着铺盖担子走进了大学校园的闽南少年，就像一只"丑小鸭"，带着满身的稻花和龙眼树的气息，在跌跌撞撞和满脸羞愧中，坐到了自己的座位上。

在新中国成立初期的那些日子里，整个国家的经济底子还较为薄弱，在广大的农村地区，尤其是偏远落后的山区，不少家庭仍然处在贫困之中，要供养一个孩子上大学，实在是不容易。像林俊德这样穿着草鞋来上大学的农家学子，也不在少数。

但是，正像李贺的诗中所写的那样："少年心事当拿云，谁念幽寒坐呜呃。"再困难的日子，也没有摧毁一代少年的知识报国之志。林俊德的一段崭新的大学生活,在美丽的西子湖畔,在被誉为"人间天堂"的杭州开始了……

西子湖畔的苦读时光

浙江大学是中国人自己创办的最早的新式高等学校之一，前身是一八九七年创建的"求是书院"，一九二八年定名为国立浙江大学。民国时期，浙江大学在我国著名教育家、近代地理科学和气象科学的奠基人竺可桢校长的引领和管理下，成为当时全国著名高等学府之一，被英国学者李约瑟誉为"东方剑桥"。

浙江大学最老的一首校歌，原名为《大不自多》，由现代著名学者马一浮作词，著名音乐家应尚能谱曲。因为歌词典雅、曲谱优美，这首校歌曾在二〇一四年举办的"最受网友欢迎的高校校歌"评选中荣登榜首，获得"最美校歌"

称号。

"大不自多，海纳江河。惟学无际，际于天地。形上谓道兮，形下谓器。礼主别异兮，乐主和同。知其不二兮，尔听斯聪。国有成均，在浙之滨。昔言求是，实启尔求真。习坎示教，始见经纶。无曰已是，无曰遂真。……"

这是歌词的前半部分，用白话文翻译过来，大意就是：从不自大自满，才能像海纳无数的江河。求学也是如此，像天地一样从来没有边际。世界上无形的、抽象的东西叫道理，有形的、具体的东西叫器物。礼，规范着世上的差异；乐，引领着社会的和谐。如果能把道器、礼乐融为一体，相辅相成，弄懂这个道理的你，才是聪慧的学子。这所有名的国立大学，位于浙江之滨。以前名叫求是，实质就是启发你去追求真理。教师要尊重学生天性实施教育，并以自身品德做示范，这样教育的效果才会显现，学校也才能因此壮大。万万不可自以为是，也万万不可以为穷尽了真理……

从这首校歌歌词里，不难感受到，浙江大学

建校一百多年来一直坚守的办学宗旨，就是"追求真理"。

竺可桢校长在主持浙大十数年期间，又亲自把浙江大学的校训浓缩到只有两个字：求是。这条只有两个字的校训，被誉为浙大诞生百年来最珍贵的精神遗产。

浙大每逢新生入学时，竺可桢校长都会向新生们提出两个非常经典的问题："第一，你到浙大来做什么？第二，将来毕业后做什么样的人？"

浙大还把这两个问题印在新生录取通知书上，让每个被录取的新生首先都能看到。而每年毕业生离校的时候，学校又会把这两个问题印在毕业纪念册上，让这两个问题伴随着每一个告别母校的学子，去往四面八方。

母校倡导的"求是"精神，也为林俊德打下了坚固的"精神底子"。

除了"求是"精神，还有竺可桢校长的两句著名的"座右铭"，一句是"水滴石穿"，另一句是"一丝不苟"。这两句话不仅伴随了竺可桢先生的一生，也像具有顽强生命力的种子一样，播撒在很多浙大学子的心田。

我们从林俊德后来每一次攻克科研难关，以及他毕生对待自己所从事的国防科研工作的态度上，都能看到"水滴石穿"和"一丝不苟"这两种宝贵的精神。

刚开始时，因为不太懂得学校的规定，也实在是因为家境太贫寒，节省惯了，夏秋时节里，林俊德竟然每天就赤着脚在校园里走来走去，甚至赤着脚走进教室和图书馆。

有的老师和从农村来的同学也许能够理解，无非是宽容地报以一笑而已。但是一些来自城市的家庭条件优裕的同学，就不能理解，甚至没法容忍这种赤着脚板、露着"泥腿子"进教室、进图书馆的"仪表"。有的学生心生不悦，表情和言语上不免带着奚落和讥讽。

这种情景，倒真像是安徒生童话里的丑小鸭，在池塘边和草地上遭受小天鹅们的白眼和奚落。

"喂，林俊德，你注意一点儿大学生的形象好不好？这里可不是你们家乡的稻田和打谷场！"

"就是嘛！前一段时间穿着草鞋进教室也就罢

了，现在可倒好，光着大脚丫子就跑来上课了！这样实在是'有碍观瞻'啊，你晓不晓得？"

听到个别同学这样刺耳的数落，林俊德的自尊心被深深地刺痛了。他无言以对，只好低下头，满脸羞愧地跑回了宿舍。

有时候，实在忍不住内心的委屈了，他就蒙着被子大哭一场，还得极力压低自己的抽泣声，生怕被同学听到了，又落下笑柄。

不过，也有的同学十分同情和理解林俊德，甚至为他打抱不平。

"拜托你们这些大少爷、大小姐，收起你们那些优越感好不好？"有一位同样来自农村的同学，趁着课间休息的时间，站起来替林俊德辩解道，"我看你们这就叫'饱汉不知饿汉饥'，你们可能都想不到，俊德当初来学校报到时，为什么会迟到了好几天！难道是他故意不肯准时来报到吗？不！他是为了节省下那点路费，有的路程连一张车票都舍不得买，是赤着脚奔跑着，赶到火车站的！"

"别说了……都怪我，都怪我，给同学们丢脸了……我以后一定改正！"林俊德站起来，满脸羞愧地说。

"不，俊德，你做得没有错！咱们国家现在还很贫穷，也不是每个家庭都能供得起孩子上大学的，尤其是在偏远的农村！你们知道吗？俊德的寡母，一个人在家里从事生产劳动，起早贪黑的，要抚养好几个未成年的孩子！俊德能来这里上大学，也是靠他的母亲东拼西凑，好不容易才筹措够了学费……你们想想这些，还会忍心这样奚落和挖苦他吗？"

这位同学的一番话，一下子把那几个对俊德表示不满的同学说得哑口无言了。

"对不起，林俊德，我们不知道你的真实情况……"

"是呀，俊德，我们不该不分青红皂白地责怪你。"

不久，负责林俊德他们这个班生活管理的一位老师，听到了同学们反映的这个实情，也觉得自己有点失职了，就悄悄发动一些家庭条件比较好的学生慷慨解囊，为林俊德和另外一位情况类似的同学组织了一次小小的募捐。这位老师自己还送给了林俊德一顶崭新的蚊帐。林俊德用同学们资助给他的钱，买了他渴盼已久的圆规、角尺等学习用具。

后来，回忆起在杭州度过的这段大学生活，林俊德记忆尤深的，还有这样的情景——

因为没有多余的换洗衣服，所以每逢周末，他就会悄悄步行到西湖边，找一块比较隐蔽的、没有游人的树林，把身上的衣服脱下来洗干净，挂在树枝上等着晒干，自己就穿件单衣躲在树丛里看书。等衣服晾晒干了，他再穿上返回校园……

当时，国家每年都会给大学生发放一些助学金。读大学期间，林俊德每年得的助学金总是最高的。伙食由学校免费提供，不需要交纳伙食费。学校每个月还会发给他两块钱的零用钱。大学五年，林俊德就靠着每月两块钱的零用钱，积攒着，省吃俭用着，竟然解决了包括穿衣在内的所有学习和生活费用。节省下来的助学金，林俊德都寄给了在老家的阿妈。

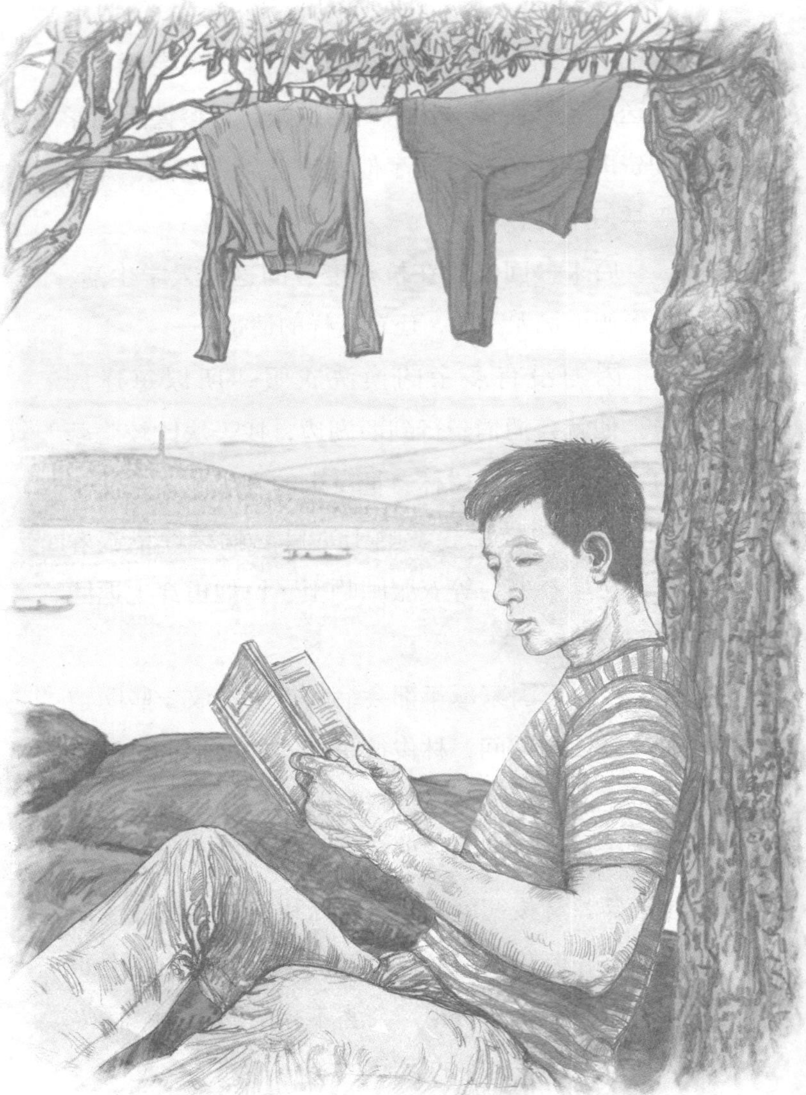

大二之后，让林俊德觉得奇怪的是，自己不仅没有再受到任何同学的奚落和嘲笑，相反，倒是越来越获得了同学们一种发自内心的尊重。

毕竟都处在十七八岁的青春年华，都是来自五湖四海的"一代骄子"，大学生们一个个有的是热情，有的是力量和梦想，都怀着报效祖国的远大理想，都渴望尽早学好为建设祖国服务的本领，都梦想着在天上飞……

林俊德也是一样。浙江大学机械制造系档案室里，还保留着林俊德这一届学生当年的学习档案。从档案上可以看到，林俊德每科成绩都是优秀。他留给很多同学的印象，都是两个字：刻苦。

"竺可桢老校长'水滴石穿'这句座右铭，林俊德在大学时代就深深地领悟了，并且落实到了自己的学习上。"有一位同学这样回忆说，"林俊德的'刻苦'，就是一种'水滴石穿'的精神。"

"老校长的另一句座右铭'一丝不苟'，则体现在林俊德后来所选择的核试验事业上。"另一位同学这样说。

"我来自山沟里的穷苦人家,没有党的关怀和培养,我上不了大学;没有国家对贫寒子弟发放的助学金,我也读不完大学!"林俊德后来对同事、对战友、对后辈念兹在兹的,是这几句发自肺腑的感恩之语,他总是说,"没有共产党、新中国,就没有我的一切。"

共和国的召唤

校园弦歌，荡漾在美丽的西子湖畔；柳色秋风，伴随着江南的杏花春雨和橙黄橘绿。林俊德和他们这一代意气风发的学子，接受着浙江大学"求是"精神的熏陶，满怀着"树我邦国"的远大理想，在不知不觉中就度过了五年的大学时光。

一九六〇年七月，林俊德这一届大学生顺利毕业。

刚毕业时，他被分配到嘉兴的一所中学，当了教师。没有想到的是，仅仅教了三个月的书，一封电报突然送到了学校，电报上没有说明是什么理由，只是让他尽快跟学校交接好工作，即刻返回浙大待命，等待重新分配工作。

这到底是怎么回事呢？本来已经走上工作岗位了，为什么还要再返回母校，重新分配工作呢？

原来，就在林俊德大学毕业这一年，张蕴钰将军作为中国核试验基地首任司令员，率领着千军万马，悄悄进入了荒无人烟的罗布泊沙漠，以马兰为中心，紧锣密鼓地展开了基地施工建设……

张蕴钰将军，这位参加过抗日战争、解放战争和抗美援朝战争，刚从朝鲜战场归来没几年，军装上还带着战争硝烟气息的老兵，接受了共和国交给他的一项重大使命：到大西北沙漠深处，寻找一块合适的"大场子"，建立我们自己的核试验基地！

这年年底，张蕴钰将军、张志善将军，还有解放军总参谋部测绘局的专家，带着一队官兵和勘察队员，分乘四辆吉普车、四辆生活车，携带上够所有人用十天的饮用水、油料、帐篷，外加一部电台，经过玉门关一路向西，最终进入了荒无人烟的罗布泊沙漠。

罗布泊，蒙古语称为"罗布淖（nào）尔"，意为"众水汇入之湖"。古时候，这里又被称为蒲昌海、盐泽、洛普池。曾经驰名西域的三十六国之一的楼兰古国，就坐落在这片广袤的沙海之中。

张蕴钰率领着这支小分队，艰辛地到达了罗布泊沙漠深处的孔雀河边之后，又逆河而上，继续向西走了百余里，来到了一片开阔的戈壁滩上。

两位张将军举目四望，这里可真是一个甩袖无边的"大场子"啊！大家都对这块地方感到满意，因为这里不仅地势平坦，而且孔雀河就在二十公里的不远处。再远一点儿，还有碧波荡漾的博斯腾湖……想来，将来的施工和生活饮水都没有问题。

勘察专家还告诉张将军，这里的地质是冲积土，有些地面是戈壁，施工筑路，就地取材也比较便利。

"这里还有一个好处，不知道你们注意到了没有。"张蕴钰笑着说，"从这里往东，离敦煌足足有四百二十公里，这么大一块地方，无居民，无耕地，也无牧场；从这里往西南方向，最近的村子也在一百二十公里以外……"

"是呀，真是天赐的一个'大靶场'哪！"张志善副司令员也赞叹道。

于是，他们选定了一个中心点。几位战士抡起膀子，就地打下了一根粗大的木桩作为记号。然后向北京报告：罗布泊，将成为新中国核试验的一块"风水宝地"。

这是一个值得写进新中国历史的瞬间。我国核武器大气层试验靶场，就这样选定了。这也预示着，新中国前所未有、惊天动地的核事业，将在这里崛起……

那天，当通讯员正在调试电台、准备发报的时候，突然，张蕴钰司令员的目光，被草滩上的一簇正在盛开的蓝色小花吸引住了。

当时，给这个小分队做向导的，是一位维吾尔族老人库尔班大叔和他的女儿，张司令员问道："库尔班大叔，这是什么花啊？这么漂亮！"

那个维吾尔族小姑娘告诉他说:"首长,这是马兰花,可香啦!"

在中国民间故事里,马兰花是一种神奇的、具有魔力的花。民间故事《马兰花》里说,有一个勇敢的青年,搭救了一位上山打柴坠下山崖的老爷爷。老爷爷有两个女儿,名叫大兰和小兰。青年人托老爷爷把一朵神奇的马兰花带给他的女儿。可是,懒惰的姐姐大兰,瞧不上这朵野花。只有妹妹小兰,不但接受了它,还非常珍惜这朵小野花。后来,小兰和这个青年相爱了。姐姐大兰十分嫉妒。这时候,一只恶毒的老猫,叫大兰带着它潜入了山林,杀害了小兰,夺走了马兰花。幸运的是,在山林里的动物小伙伴们的帮助下,那名勇敢的青年把老猫推下了悬崖,救活了小兰。美丽和神奇的马兰花,重新回到了善良的人们手中,小兰和山林中的动物小伙伴们,都过上了幸福和安宁的生活……

没有到过罗布泊的人,怎么也不会想到,在这么荒凉、贫瘠和风沙肆虐的沙漠戈壁上,竟然会生长着一种生命力那么顽强,又那么美丽和芳香的野花——马兰花。

这时候,通讯员问:"首长,北京在询问,我们现在的位置叫什么名字?"

张蕴钰略一思索,脱口而出:"马兰!就叫马兰!"

天苍苍,野茫茫。大漠上的黄昏,残阳如血,晚霞满天。空旷的罗布泊腹地、荒凉的孔雀河畔,第一次响起了"嘀嘀……嘀嘀……"的无线电发报声。无线电波从孔雀河畔和罗布泊荒原一直传到了北京……

第二年一开春,经中共中央和中央军委批准,张蕴钰司令员就率领着五万核试验基地建设大军,浩浩荡荡地开进了罗布泊,来到离孔雀河不远的马兰,开始安营扎寨。在人迹罕至的大沙漠上,铸造共和国"核盾"事业的大幕,悄悄拉开了……

从此,"马兰"这个地方和这个地名,就与新中国的核事业紧密地联系在了一起。马兰,也成了张蕴钰和他的将士们,还有一大批科学家、科技人员一生魂牵梦萦的地方。

部队官兵开进了罗布泊不久，根据党中央的部署，从全国各大学和研究机构里，还有放弃了国外优厚的研究条件奔回祖国的留学生中，精挑细选出来的科研精英、归国科学家和年轻的大学生，相继踏上了飞驰的列车，一路向西，向西，向西……

林俊德，正是在这时候，听从祖国的召唤，经过层层政审与挑选，成了共和国核事业大军中的一员。从此，他把自己一生的力量、心血和智慧，甚至把自己的生命，全部献给了共和国的核事业。

崇高的使命

从后来公开的史料看，原来，早在一九五八年，毛泽东主席就在中央军委的一次扩大会议上讲道：

"还有那个原子弹，听说就这么大一个东西，没有那个东西，人家就说你不算数。那么好，我们就搞一点儿。"

当时，面对西方国家对新中国的歧视、讹诈和欺负，开国元勋们个个心里都憋着一口气。据说，陈毅曾说过："即使当了裤子，也要把原子弹搞出来！"

新中国的核试验事业，这项艰巨而光荣的崇高使命，就这样落在了钱学森、朱光亚、邓稼先、郭永怀、程开甲、林俊德等这一代伟大的中国科学家身上。

一九六〇年九月，林俊德被重新分配到国防科委下属某研究所工作。十月一日晚上，一列夜行的火车，把他和另外一名同样来自浙江大学的毕业生，载到了首都北京。

这是林俊德第一次来到首都，来到毛主席、党中央所在的地方。坐在火车上时，他的心情就激动得难以平静下来。到站后，一位前来接站的军人，引领着他们走出了站台。

这时，林俊德看到，虽然已经是夜晚了，但是首都的大街上，华灯通明，夜空仍然那么明亮和璀璨。让他更为惊讶的是，西边的夜空怎么一片通红？好像还有一阵阵的闪电掠过……

他们忍不住问了问那位军人，军人告诉他们，今天是国庆节之夜，天安门广场上正在燃放庆祝新中国生日的焰火。

这一瞬间，林俊德心里感到无比自豪，恨不能插上翅膀，飞到天安门广场上，飞到人民英雄纪念碑前，亲身感受一下那庄严和欢乐的节日气氛。

但是他们必须尽快赶到研究所报到。所以，林俊德只好和另外一位浙大毕业生一起，站在那里向天安门广场的方向翘望了许久，直到天边的绯红渐渐变淡了，才恋恋不舍地转过身，向研究所的方向走去……

到了北京报到之后，所有人被送到北京郊区的通县，接受短期集训。这时候，林俊德已经自豪地穿上了绿军装，光荣地加入到中国人民解放军的行列。按照当时的规定，所有被挑选出来进入国防科学研究领域的大学生和科研人员，都将穿上军装，实行严格的军事化管理。

集训期间，林俊德也牢牢记住了军队里的一位高级首长，对他们这些年轻的科研人员所做的一场激情澎湃的报告。

首长说道："同志们，一场新的战役，正在黄沙漫漫的戈壁滩上等待着你们！你们要做好充分的心理准备，因为你们即将进入的，是一个不为人知的战场，是一个看不见对手的战壕！从你们告别大学校园，正式穿上军装的那一刻起，你们就不仅仅是一名大学生、一名科技试验人员了，你们都已经是真正的战士了！祖国和人民在期待着你们，毛主席、周总理也在等待着你们取得胜利的那一天！我希望，在座的每一个人，都能够经得起任何考验，无愧于一个战士的称号！你们有信心吗？"

年轻的战友们坚定、庄严地回答道："我们有信心，坚决完成毛主席、党中央交给的光荣任务！"

刚到达集训地的时候，有一天，一位也是刚刚穿上军装的女大学生，扎着两条小辫子，提着一个大行李箱子，正吃力地向宿舍走去。

她叫黄建琴，江苏盐城人，从南京大学毕业后，也被挑选出来，来到这里接受集训。

林俊德见了，赶紧从后面赶上来，招呼道："同志，需要帮忙吗？我来帮你拿吧！"

黄建琴一看这个年轻、纯朴的小伙子，略带羞涩地说："谢谢你！我就住在那边的宿舍区，你们是先来的吗？"

林俊德说："是呀，比你们早来了些。你是从哪里分来的？"

黄建琴说："从南京大学，我是物理系毕业的。你呢？"

林俊德说："哦，我们两所大学离得不远，我是浙江大学毕业的，学的是机械制造。"

黄建琴一听就笑了，说："你个学机械制造的，跑到这里来干什么？你应该到第一汽车制造厂去嘛！"

林俊德说："你们学物理的，以后也需要坐汽车吧？我们学机械制造的，可以给你们修理汽车啊！"

黄建琴说："不知道在这里集训完了，会把我们分配到什么地方去。"

林俊德说："不知道，反正是国家需要的地方呗！你没有听广播电台里朗诵的诗歌吗？'收拾停当我的行装，马上要登程去远方。心爱的同志送我，告别天安门广场……'"

黄建琴说："哎，这首诗听过的，写得真好！'我将在河西走廊送走除夕，我将在戈壁荒滩迎来新年，不管什么时候，只要想起你，就更要把艰巨的任务担在双肩。'"

"是呀，诗人真是了不起，一下子就写出了我们的心声——'记住，我们要坚守誓言：谁也不许落后于时间！那时我们在北京重逢，或者在远方的工地再见！'"

黄建琴笑着说："你朗诵得真好！想不到，你们学机械制造的，还对诗歌感兴趣！"

林俊德说："你们学物理的不也一样？其实不是对诗歌感兴趣，而是对我们的理想、对祖国的召唤感兴趣，对吧？"

"对对，你说得对极了。哦，我到了，就住这栋宿舍楼。谢谢你！"黄建琴大方地伸出手，"再见，未来的……机械制造工程师同志！"

林俊德受宠若惊似的，连忙跟黄建琴握手说："不客气，不客气，我们已经是一个战壕里的战友了！"说完，他转过身，大步离去。

黄建琴刚走了两步，突然想起什么，回过头对着林俊德的背影喊道："喂，你叫什么名字？"这时，林俊德已经大步远去了，没有听见黄建琴的问话。

给阿妈的惊喜

经过一段时间的集训之后,一九六一年,林俊德和另外七名年轻的战友一起,被派往东北,进入著名的哈尔滨军事工程学院(简称"哈军工")进修。

这一年,临近春节的时候,林俊德突然收到了从老家永春寄来的一封家书。信上说,部队给家里寄了二十元钱。阿妈让俊德问问,这钱能不能收下?要不要寄还给部队?

林俊德感到很诧异,就立刻跑去问带队的王处长,这究竟是怎么回事。

王处长告诉他:"哦,俊德同志,忘了告诉你,部队上了解到,你家里比较贫困,刚好部队里对有困难的军属有些补助，就没跟你打招呼，直接给你申请下来了。"

"这……王处长，你们想得真周到啊！"林俊德顿时眼睛湿润了，他真诚地说道，"连我自己都没有想到的，党和部队都给想到了……"

"这是应该的，俊德同志，你今后只管专心地为党、为国家工作，遇到什么实际困难，就及时向组织上反映吧。"

林俊德在大学里学的是机械专业，到了哈军工，他进修的是冲击波测量专业。对他来说，这是一个完全陌生的专业领域，但是他深知，这不仅是国家的迫切需要，也是他不久将要奔赴的那个"战场"上，必不可少的一项专业技能。

所以，从走进哈军工那天起，他就暗暗下定决心：再陌生，再艰难，也要利用好所有时间，把冲击波测量的专业技能学到手，不辜负党和国家的信任与期待。

其实，这时候，在涉及核试验技术的任何专业领域，西方一些国家对我们这个新生的共和国都是防范、封锁和充满敌意的，因此，国内能够找到的资料十分有限。

为了从有限的资料里获取第一手信息，林俊德在此后的两年多时间里，没有逛过一次街，也没有去看过一场电影，几乎把所有能利用的时间都利用了起来，俨然成了哈军工这一届进修学员中的"学霸"。

他凭着扎实的英语、俄语功底，再加上两本专业辞典，把能找到的英国、美国和苏联自二十世纪三十年代以来有关力学和仪器方面的期刊，都仔细地梳理了一遍，只要是与冲击波测量专业相关和有用的信息，他都仔细地摘抄了出来。

这种劲头，俨然就是竺可桢校长倡导的"水滴穿石"精神的再现。林俊德因此也被一些同学视作"学习狂人"。

专注的人不会去理会季节的变换。在紧张的进修学习中，不知不觉，一九六二年的春节又临近了。

有一天，在学院的小路上，王处长见到抱着一摞书正在急匆匆回宿舍的林俊德，颇觉诧异地问道：

"咦，俊德，别的同学都回家探亲了，你怎么还没走啊？再不走，可就赶不上回家过春节了。"

"哦，王处长，我决定不回家了，时间不够用啊！马上就要结业考试了。"

"这可不行啊，俊德，听说你自从出来念大学，已经有六七个年头儿没回家了！是舍不得路费吗？"

"不，不……"林俊德赶紧否认说。

其实，王处长猜得没有错，林俊德不肯回家探亲，一半是为了学业，一半也当然是为了节省下回家的路费，好寄给阿妈补贴家用。

"俊德，一个革命军人，虽说忠孝难以两全，可是，有家才有国呀！你要知道，等你们一旦奔赴'前线'了，想回家一次就更难啦！这个春节，你必须回去一次！"王处长以命令的口吻说道。

组织的关心，再一次让年轻的林俊德感受到了无限的温暖。

这一次，他听从了王处长的"命令"，赶在春节到来前，回了一趟永春老家，看望了已经七年没有见到的阿妈和弟弟妹妹们。

当他提着简易的行李网兜，走到家门口的那条泥巴路上时，远远地就看到了已经站在那里等了好半天的阿妈和妹妹一德。

阿妈也远远地看到了他。但是，阿妈怎么也没有想到，七年前穿着打着补丁的衣裳、穿着草鞋出去念大学的儿子，今天竟然穿着一身威武的军装回来了！

而且，七年前的俊德，长得又矮，又黑，又瘦，现在却变得那么壮实了，个头儿也长高了不少。要不是俊德远远地大声喊着："阿妈，阿妈……"阿妈真的是不敢相信，站在眼前的竟然是自己日思夜盼的儿子！

在门前稻田边的小路上，林俊德紧紧抱住了已经有了不少白发的阿妈，母子俩都忍不住痛哭起来。

然后，阿妈又推开儿子，端详了许久，喃喃地说道："俊德，阿妈没看错呀，真的是你回来了……"欢喜的泪水，在阿妈的脸颊上不停地流淌着……

沸腾的大漠

一九六三年一月,东北大地上正是滴水成冰、白雪皑皑的时节,林俊德和他的同学们顺利结束了在哈军工的学习。

这年五月,他被任命为一个绝密研究室的"机测组组长"。具体说来,他们这个机测小组,将要承担的是研制首次核试验冲击波测量压力自记仪的艰巨任务。

从此,林俊德的一生,就与新中国的核试验事业密不可分地联系在了一起。一直到他生命结束的那一天,让他感到无比欣慰和自豪的,就是他自己说过的那句话:"我这一辈子只做了一件事,就是核试验,我很满意!"

其实,一九六一年至一九六二年,也就是林俊德等被选拔出来的一些青年科技人员,在哈军工投入紧张的进修学习,为新中国的首次核试验做技术和人才准备期间,一份《关于自力更生建设原子能工业情况的报告》被送到了党和国家领导人手上。

在这份报告里,有关部门和科学家们,向党中央和毛主席提出了两年内进行我国第一颗原子弹装置正式试验的目标。

为了实现这个前所未有的目标,还需要制订出一份实现这个目标的具体工作计划。

于是,经过相关负责部门和研究院所领导的集体讨论后,由核物理学家朱光亚执笔,又起草了一份《第一种试验性产品的科学研究、设计、制造与试验工作计划纲要(草稿)》。

这里所说的"第一种试验性产品",指的就是第一颗原子弹。

这是因为,他们的工作处在高度保密的状态。

一九六二年十月,一份关于试爆第一颗原子弹的更为详细的规划和步骤,又摆到了党和国家领导人的面前。

有关部门和科学家们把这份规划和步骤,都具体到了每年的每个月份上了,看上去就像是一份"军令状"。比如——

一九六三年十二月,完成模拟试验。

一九六四年第二个季度,完成实物爆轰试验。

一九六四年八月底,在试验基地进行演练,完成首次核试验的准备。

……

一九六二年十一月三日,毛泽东主席经过深思熟虑之后,果断地做出了批示:"很好,照办。要大力协同做好这件工作。"

这看上去是轻描淡写,其实却是斩钉截铁、雷霆万钧的十五个字。它意味着,新中国的一场前所未有的、足以震惊整个世界的"大会战",正式开始了……

一切都是在最严格的、高度的保密状态下,紧锣密鼓地进行着的。

这时候,一列又一列从北京驶往大西北的列车里,总会坐着一些面色坚毅、肩负着神圣的秘密使命的年轻人。

他们一路向西，向西，向西……

如果仔细观察就会发现，他们看似平静的面容后面，其实都藏着一种迫不及待的憧憬和渴望。谁也不会知道，这些年轻人心里，藏着怎样的石破天惊的秘密！

窗外闪过了祖国辽阔的平原、城市、河流和村庄，他们都在盼望着尽快到达各自的目的地。

没有谁知道，这些年轻人的真实身份。当然，只有他们各自明白，他们正肩负着怎样的使命。在远方，荒无人烟、辽阔无边的大沙漠，正在等待着一批又一批年轻的科技人员的到来。

对每一个进入罗布泊荒原的年轻人的政审和选拔，都是异常严格的。不仅政治思想要合格，专业水平也都要过硬。而且，他们中的每一个人，一旦进入了这个领域，都将遵守严格的保密纪律：上不告父母，下不告妻子儿女。他们从此都要"隐姓埋名"，仿佛突然从人间蒸发了一样，进入那个几乎与世隔绝的大沙漠里。

"一辈子只做这一件事，就是核试验！"

这也成了每一个进入罗布泊的人共同的、无怨无悔的誓言。

马兰花是罗布泊沙漠和孔雀河边的吉祥花。当寒冷的冬季还没走远,人们苦苦盼望的沙漠之春还没有抵达冰封的孔雀河两岸时,马兰花坚强的根须,就会最先在寒冬中苏醒和萌发,它们在泥土下面默默存活、忍耐着,感知和谛听着沙漠之上春天的脚步。虽然经常会有暴风雪的阻隔,但是,春天的脚步终究是无法阻挡的!

随着残冬的步步退却,辽阔的博斯腾湖边,蜿蜒的孔雀河畔,坚冰开裂,残雪融化,马兰花在所有植物中最先焕发出新的生机和绿意,向人们预报了春天的临近。

果然,不用多久,天气渐渐变得温暖了,一簇簇蓝色的马兰花也含笑绽放。还有一些无惧无畏的小鸟,会飞到孔雀河畔那些蒙上了绿意的芦苇林里跳跃、歌唱;红柳丛又变得柔软、蓬勃而茂盛了;云雀欢唱着飞入云霄,沙鸡和跑路鸟也开始在戈壁上奔跑追逐,咕咕地呼唤着同伴……

当然,博斯腾湖的确也不是西方探险家说的

沸腾的大漠

什么仙湖。

每年六月至八月间,辽阔的大沙漠上,会出现翻江倒海般的大雷雨和暴雨。盛夏时节,沙海里的气温可达三十八摄氏度,地表温度在四十摄氏度以上。而昼夜之间的温差又是那么大,正所谓"早穿皮袄午穿纱,围着火炉吃西瓜"。

入秋之后,这里又会不时地刮起七八级以上的狂风。狂风起时,飞沙走石,天地茫茫,一片混沌!

可是,就在这片自然条件极其恶劣、传说中的死亡之海里,那些先期挺进的、建设核试验基地的部队官兵,早已经开始了他们"特殊的战斗"——

他们在这里开挖地基,拉着巨大的石磙子压路,推着车子飞奔,和泥、拉坯、制砖、打夯……宁愿自己居住在帐篷里,却为陆续抵达的科学家和科技人员建起一栋栋营房、办公室、实验室、观察室。

在初到马兰的五万大军中,除了从朝鲜战场的硝烟战火中归来的军人,还有数以千计的从全国各地抽调来的科学家、科研人员，以及经过一层层严格的审查，最终选拔出来的大学生和专业技术人员。

　　沉寂了千年的罗布泊，迎来了沸腾的岁月。共和国的英雄儿女们，将在这里迎来震惊世界的东方巨响。

艰苦岁月

进入罗布泊沙漠,你会看到一个令人惊叹的自然奇观——

一株株高大、苍劲的胡杨树,就像一个个无畏的勇士,挺立在千年的风沙之中。这些已经生长了数百年的胡杨树,有的已经死去了,但是它们的铜枝铁干,仍然倔强地挺立着,伸向空旷的天空,仿佛还在倾听那千年的风沙呼啸。

胡杨树真是大戈壁、大沙漠上罕见的生命奇迹!胡杨树的生命奇迹被人们总结为三句话:活着,千年不死;死了,千年不倒;倒了,又将千年不朽!

二十世纪六十年代,正是全国的经济困难时

期，对奋战在罗布泊的数万官兵和科技人员来说，粮食供应远远不足。我们现在可能无法想象，他们是怎样和全国人民一样勒紧腰带，夜以继日地工作的。

初到罗布泊的林俊德和他的战友们，很快就真切地体会到了罗布泊生活的艰苦程度。

粮食不够吃，粗粮比例大，大家就只能想尽办法，把玉米面炒了以后再蒸熟，美其名曰"高产饭"。孔雀河边，到了春夏时节会长出一些可以食用的野菜，它们也成了战士们的口粮。

更严重的是饮水困难。沙漠和戈壁里的水，有"苦水"和"甜水"两种。苦水，就是从几十公里以外的孔雀河里拉回来的河水。孔雀河，名字很美，河水却因为盐碱重，又咸又涩又苦，难以入口。战士们也尝试挖了几口井，深井水勉强可以饮用，但盐碱含量还是很高。沙漠里天气干燥，每天都会喉咙干渴，谁都不愿意喝这样的苦水，可为了补充大量水分，只能硬着头皮喝下去。

因为喝这种水，每个战友都拉肚子。怎么办

呢？基地首长专门从北京运来了大蒜，让大家吃生蒜来缓解腹泻。

大家说的"甜水"，就是从离基地更远的博斯腾湖里运回来的清水。这样的湖水当然好喝，但是毕竟距离遥远，来之不易。因此，每一口清水都变得十分珍贵。大家甚至开玩笑说，在戈壁滩上，每个人就像盼着过节一样，希望能喝上一口甜水呀！

然而，正是在这样艰苦的条件下，一九六三年五月，林俊德受命承担起研制测量核爆炸冲击波压力自记仪的任务，他被任命为这个研制小组的组长。

按照基地下达的命令，完成这项研制工作，满打满算也只给了他们一年多的时间。

当时，直接领导他们这个小组的人，是核试验基地研究所的副所长（后任所长）、核物理学家程开甲先生。

程先生也是林俊德在浙大的一位前辈校友。新中国成立后，程开甲也像不少留学海外的赤子一样，听从祖国母亲的召唤，毅然收拾行装，返回了新中国的怀抱。

一九六〇年,程开甲同当时的许多著名科学家一道,肩负着共和国的神圣使命,秘密地进入了核试验领域,成为我国核武器事业的开拓者和核试验科学技术体系的创建者之一。

林俊德和战友们都听程开甲讲过,他当年为什么会毅然放弃爱丁堡大学那么优厚的条件,而返回祖国怀抱。

程先生说:"我们这一代知识分子,都是从旧中国的岁月中走过来的,日本侵略者带给我们中华民族的屈辱和苦难,大家都亲身经受过,这是我们每一个中国人永远的伤痛!"

有一天,在营房外面,沐浴着大漠上像火烧一般绯红的晚霞,林俊德向程开甲汇报完工作,一边散步,一边问道:

"程先生,当年您作为爱丁堡大学的高才生,而且还是著名物理学家玻恩教授的学生,如果沿着这条路走下去,前途不可限量,您却毅然选择返回新生的祖国,做出这个选择可不容易呀!"

"是呀,是呀,俊德,当时的确是我面临着人生最重要的选择的一个时刻。"程先生深有感触地说,"那时候,多灾多难的国家,也正在经历一场翻天覆地的历史性转变。当时,中国人民解放军以排山倒海之势向江南推进,南京宣告解放,接着,大上海也解放了!你一定也知道当时有一个震惊中外的事件,英帝国主义者耀武扬威、不可一世的'紫石英号'军舰,因为不听解放军的警告,被解放军果敢地击溃了……"

"是的,解放军的这次出手,真是大长了我们中国人的志气和威风!"

"说得对!当时在海外,我每天都被这些大快人心的消息振奋着!我当时就想,我们的国家有指望了!我们的民族再也不是被人任意欺凌的民族了!我要尽快回到自己的祖国去,报效新生的国家和人民!于是,我第二天就开始收拾行装,真有点'剑外忽传收蓟北……漫卷诗书喜欲狂'的心情哪!"

说到这里,程开甲又告诉林俊德,当初,研究所把冲击波测量压力自记仪这个课题交给他和他的这个小组,大家还有点不太放心。后来,程开甲耐心给大家做了一番解释和争取,颇有点舌战群儒的意味呢!

程开甲告诉林俊德:"我对大家说,准确测量核爆炸冲击波,是确定核武器爆炸当量和为核武器效应提供精确数据的重要手段。林俊德虽然年轻,但从浙大毕业后,又到哈军工核武器系学习了两年。当年,他因为家里贫困,是挑着简易铺盖担子,赤着双脚,走进浙大校园的。这在浙大历史上,恐怕是绝无仅有的。因此,我充分相信这个从山区里走出来的年轻人!所以,俊德啊,你们这个小组一定要努力啊!在你们手上的是一块'硬骨头',千万不要辜负党和国家的信任……"

"程先生,您放心,我们一定会全力以赴,早日啃下这块'硬骨头'!哦,不,就是一块生铁,我们也要把它啃下来!"

"好啊,俊德,首长们等的就是你们这句话啊!"程先生拍着俊德的肩膀说,"遇到什么困难,要及时汇报!"

就这样,林俊德率领这个小组,开始了艰苦

的攻关……

虽然戈壁上的气候非常恶劣,变幻无常,但对于林俊德他们这些年轻人来说,这还不是最大的困难。他们面临的最大难关,是在试验上的。

一切都必须白手起家。没有资料,没有计算机和必需的仪器设备,也没有试验所需要的一些特别的材料。

有一天,林俊德代表他的小组,向基地首长们汇报了他们遇到的难题,还有他们下一步的计划。

"所以……请基地首长能批准我们回一趟北京,去寻找和采购一些必需的材料。"最后,林俊德说出了自己的打算。

程开甲听完汇报,说:"你说得没错,俊德,数据测量,对我们来说,的确是白手起家的课题。法国人第一次搞核试验时,什么数据也没有测到;美国人第一次核试验,也只是拿到了一小部分数据。美国人对没有拿到完整的测量数据这个事实,可是悔断了肠子哟!"

张蕴钰司令员说:"是呀,我们搞一次核试

验,需要设置的各种测量点,少说也得有几百个,而且各种测量手段,都得事先考虑周全,都得用上,还要保证各项记录的精确和有效!"

程开甲又说:"美国人第一次搞核试验,可以说是集中了当时全世界一流的科学家,而我们呢,只能赤手空拳,却又必须'空手套白狼'啊!俊德,你再讲讲,你们这个小组下一步的打算。"

这样,林俊德就滔滔不绝地讲起了小组的计划……

两天后,张蕴钰司令员用他那辆大家十分熟悉的军用吉普车,把程开甲先生和林俊德送出了罗布泊,暂时离开基地,从库尔勒坐飞机回北京,去寻找相关资料和试验材料。

程先生叮嘱林俊德:"俊德啊,我必须提醒你们,我们没有更多的时间给你和你的小组。"

林俊德说:"请首长们放心,我们一定按规定的时间,保证完成任务!"

张蕴钰司令员严肃地说:"俊德同志,军中无戏言哟!"

林俊德坚定地说:"是的,军中无戏言!"

吉普车在胡杨树、骆驼刺、红柳和芨芨草之间飞快地奔驰着。

罗布泊的戈壁和沙漠上,除了顽强的胡杨树,还生长着一些红柳、骆驼刺、芨芨草……它们同样是一些坚韧不拔的生命。即使有的红柳丛被掩埋在大风沙中了,但露在外面的枝条,还在大风中顽强地摇晃着,仿佛在向世界昭示着生命的尊严与力量,也向世人诉说着这里的凛冽与残酷……

电报大楼的钟声

测定核爆炸冲击波是确定核武器研制和为防护提供参数的重要手段。这就意味着,林俊德和他的小组的测量工作只许成功,不能失败!

然而,核爆炸有极其强大的毁坏性,包括对测量仪器本身的毁坏。即使暂且不论测量仪器是否能做到精确无误,如果测量仪器本身防护不好,就完全有可能受到干扰和毁坏,而使全部测量工作毁于一旦……

更何况,林俊德他们目前面临的还不是这些,而是连测量仪器的研制都处在一筹莫展的状态。

反复思考后,林俊德提出回北京搜集资料和试验材料的申请。程开甲在和张蕴钰司令员商量研究后决定：磨刀不误砍柴工。他让林俊德和他一起回一趟北京，尽可能去搜罗他所需要的资料和试验材料。

那天，张司令亲自送程先生和林俊德暂时离开基地。

坐在张司令的吉普车上，程开甲问道："俊德，你离开老家有几年了？"

林俊德一愣，想了想，说："程先生，我只是在哈军工学习期间，回去探过一次亲。"

程开甲告诉张蕴钰说："俊德的父亲去世得早，是寡母一人养育着他们兄妹几个，不容易啊！读大学期间，学校发给他的那一点儿助学金，他也全部寄回老家，给自己的母亲了。"

张蕴钰听了，感叹说："寒门出孝子啊！俊德同志，好样的！这次你跟程先生回北京去，一定抽几天时间，回老家看看你的母亲，也替我和程先生代表部队向她老人家问个好，感谢老人家对部队、对国家事业的支持！"

林俊德说："首长，现在任务这么紧，我还是不回去了，我阿妈是位深明大义的母亲，她不会责怪我的。"

张蕴钰说:"既然回到北京了,就回去一趟吧。我们革命者虽然难以做到'忠孝两全',但是,对父母、亲人的感恩之心,还是鲜红的嘛!"

程开甲也说:"张司令说得对啊。不过,俊德啊,你现在身份特殊,要时刻牢记基地的保密纪律,'上不告父母,下不告妻儿',不该说的话,坚决不说,无论对谁!"

林俊德说:"请两位首长放心,那我就悄悄回去看一看阿妈,顶多在家住一个晚上就马上返程,不会多说一句话的。"

程开甲说:"对对,这样就好,也不要惊动地方上的人,总之越谨慎越好!"

林俊德在库尔勒等待回北京飞机的那个晚上,躺在床上翻来覆去,整整一夜都没有睡着。他的脑海里,不断地浮现出当初离开故乡时的那一幕,眼角不禁流淌出晶莹的泪水。

首都北京,黎明时分的天安门广场上空,朝霞灿烂,鲜艳的五星红旗在空中飘扬,空中还回荡着悠扬的《北京颂歌》:

"灿烂的朝霞，升起在金色的北京。庄严的乐曲，报道着祖国的黎明。啊，北京啊北京，祖国的心脏，团结的象征，人民的骄傲，胜利的保证。各族人民把你赞颂，你是我们心中一颗明亮的星……"

年轻的林俊德穿着军装，提着简易的行李包，背着军用书包，站在天安门广场上的霞光里，留恋地仰望着五星红旗、人民大会堂、天安门城楼和高大的人民英雄纪念碑……

他的心中牢记着程先生的叮嘱："俊德啊，你这次到北京，就是把中国科学院图书馆、首都图书馆，还有清华大学、北京大学的图书馆的目录卡片翻遍了，也要把跟机测仪器有关的资料和线索给找出来啊！"

想到这里，他紧了紧身上的书包，迎着朝阳向前走去……

清晨，中国科学院图书馆刚刚开门，他就背着水壶和书包，迫不及待地进去了。在资料室里，他每天几乎都在和时间赛跑，神情专注地查找资料，抄录资料。

有时候，他抱着一叠书在首都图书馆门口的台阶上坐下来，从书包里拿出一个馒头，就着水壶里的水匆匆吃完，然后一边翻书，一边等待着图书馆开门……

每天，他坐在公交车上的一个角落里，一边埋头看书，一边赶回临时住处。有一次，在一个小饭馆里，他一边翻看着资料，一边吃着服务员刚刚端来的面条。刚吃了几口，突然想起了什么，便放下筷子，从书包里掏出笔记本，计算起来。

服务员过来问道："同志，吃好了吗？"林俊德头也没有抬地嗯了一声。服务员看着他那么专注的样子，也不再打扰他，笑了笑把面碗端走了。

等到林俊德计算完毕，抬起头再想吃饭时，却发现桌子上已经空空的了。这时候他才回过神来，苦笑着摇了摇头。

那些日子里，他也马不停蹄地往郊区的一个相关的零部件加工厂来回地跑。他知道，目前最关键的一个步骤，是要搞出一个小型的、稳速的电机做机测仪器的动力源。可这种小型电机，我们国家根本还没有呢！

为了攻克"动力"这道难关，他可真是费尽了心思！

他从仅有的一点儿资料上看到，苏联、美国在这方面使用的，也都是一些"大家伙"，得几个人抬着去安置到各个测量点，不仅不方便，成本也是天文数字。

这样的大家伙，就是有，我们恐怕也用不起啊！他想。

从零部件加工厂回到临时住处，已经是夜晚了。他的桌子上摆满了各种尺子、圆规、三角板、锤子、钢管、钢锯等器具和零件。他反复琢磨着，摆弄着一些零件，不停地在笔记本上写写画画，用尺子和圆规画着各种图例。桌子上的小闹钟嘀嗒地响着，指针不知不觉就已经指到了午夜两点……

又是新的一天早晨到来了！这一天，林俊德坐在清晨的公交车上，望着窗外那沐浴着金色朝霞的长安街和长安街上来来往往的骑着自行车的人流……

突然，他被一声响亮而悠扬的钟声吸引了，就抬起头使劲朝远处张望着。那是电报大楼上的大钟，正在发出洪亮的报时声音。

这时候，好像脑海里有电光闪过一样，林俊德在突然间获得了灵感，赶紧掏出本子，飞速地在上面记着、画着……他的本子上出现了一个大钟，还有一些齿轮与发条的简单图样。

他想：如果用钟表式的齿轮发条做动力，会是什么效果呢？

这时候，售票员在报站名："白堆子胡同站到了，请到站的乘客下车……"林俊德根本就没有听进去，还沉浸在自己的思考中。只见他兴奋而果断地合上了本子，脸上露出欣悦的神色。

黎明时分的天空里，一大群鸽子呼啦啦地在空中盘旋，悦耳的鸽哨声在空中回荡……

一个小时后，本应该已经下了公交车的林俊德，竟又乘着同一班公交车返了回来。售票员好奇地问："解放军同志，你到底要在哪一站下车呢？你已经坐了一个来回了！"

林俊德茫然地说："是吗？我要在哪一站下来着？你让我想想。"

售票员笑了："你这个同志，自己要在哪一站下都不知道啊？"

林俊德说："对不起，我是不是没有买票？"

售票员说："车票你倒是记得买了。"

林俊德尴尬地笑了笑说："我……我想再看看电报大楼的那座大钟。"

售票员说："那你就在前面这一站下，记住，不要再坐过了站哟！"

林俊德后来跟大家说，正是首都北京那个电报大楼上的钟表，给了他新的启发，让他联想到，根据从各种资料上查到的信息来看，航空仪、气象仪、地震仪等许多仪表，都是用钟表式发条做动力的。钟表的机构简便紧凑，体积不大，抗干扰能力强，很适合用到冲击波压力自记仪上。

于是，一个大胆的设想，在他心中形成了：用钟表式发条做动力，搞一个中国式的压力自记仪出来！

后来，他的这个设想，得到了程先生、基地领导和同事们的支持。他用这个土办法上马，经过无数次的反复琢磨和试验，终于研制出了我国第一台钟表式压力自记仪，并且在首次核试验中接受了核冲击波的检验……当然，这都是后话了。

此时他已经离开首都北京，正坐在开往家乡福建永春的火车上。离开老家这么多年了，他是多么想念自己的阿妈啊！望着窗外飞驰而过的田野、河流和树木，他在心里默默说道：阿妈，您现在还好吗？阿妈，儿子天天都在想您，可又不敢多想啊……

再见,紫美村

傍晚时分,炊烟升起的时候,在村口的一棵大青树下,林俊德的母亲,又站在习习晚风中,眼巴巴地望着通往村外的那条飘带一样的小路。她的手里,还拿着没有做完的针线活儿。

因为窘迫的生活,再加上日夜思念自己的儿子,在这位年过半百的闽南母亲的脸上,写满了操劳和艰辛。晚风吹着她的头发,依稀可见丝丝早生的白发。

这时候,村支书牵着一头老水牛,正从不远处的水田里走过来。村支书老远就招呼着说:"老嫂子,天色晚了,还没回家给平德他们做饭啊?"

俊德的母亲说:"哦,是他三叔啊,下田去啦?"

"下田啦。老嫂子,又在盼望着俊德回家吧?唉,我劝你多少回了,俊德那孩子是个大孝子,该回来的时候,一定会回来看你的。你这样天天等啊盼的,年年等啊盼的,可不是个事哟,太苦了你啦!"

"他三叔啊,你看人家村西李老四家的那个老大,也是到老远的外省去念的大学,也留在外地参加了工作,可是人家年年都能回家来一趟,我这个孩子怎么就这么不恋家呢?"

村支书安慰她说:"俊德这孩子啊,性子倔,有志气,不光为你老嫂子争了气,也为咱们紫美村,为咱们全乡人争了光啦!老嫂子,你放心吧,他会回来看你的!"

俊德的母亲苦笑着说:"看不看我倒没什么,是我这个当阿妈的,真想自己的儿子呀!一晃又是好几年,都不知道他长成什么样子了!"

"唉,老嫂子,往好处想吧,没准儿啊,有一天俊德在外面当了大官,骑着大马,坐着小汽车，就回来看望自己的阿妈了，哈哈……到那一天，我这个当老叔的，脸上不也跟着有光彩吗？"

经常站在紫美村村口，盼着儿子回来的老母亲，也许没有想到，这时候，她的儿子俊德正走在通往家乡的路上。

林俊德整理了一下军帽和军衣的风纪扣，拿起简易的行李，激动地走下了长途汽车。

眼前是多么熟悉、多么亲切的家乡啊！远处是层峦叠嶂，丛林绿野，一条弯弯曲曲的山路，蜿蜒伸向远处，隐没在山区特有的雾气之中。远山和田野深处，不时传来布谷鸟、斑鸠、竹鸡的叫唤声……

乡村公路上，一身戎装的林俊德，背着军用书包，一手提着一个简易的行李提包，望着眼前的水田和山冈，深深地吸了一口气，自言自语道："我回来了，又回来了……"

这时候，在村口的那棵大青树上，两只花喜鹊正在欢喜地喳喳叫唤着。村口处，俊德的阿妈、妹妹和弟弟都已经得到了村里人飞快报来的消息，迫不及待地走出村外，去迎接林俊德。

他们的后面，跟着一群看热闹的乡亲。

远远地，林俊德看见了自己的阿妈和弟弟、妹妹，眼泪瞬间涌了出来。他小跑着，大声地呼喊着："阿妈，阿妈，我回来了……"

阿妈也喜极而泣地叫着："俊德，俊德，真的是你吗？"

走近了一些，又近了一些……俊德仔细地看着阿妈说："阿妈，这些年来，你太操劳了！头发都白了！"

阿妈拉着儿子，上下端详着："让阿妈再好好看看，嗯，比上次离家的时候又长胖了一点儿，阿妈做梦都想再看看你穿着军装的样子啊！"

俊德说："阿妈，你现在不是看到了吗？"说着，他郑重地戴上军帽，整理好衣服，说，"阿妈，我给你敬个礼！"说完，他一个立正，端端正正地给阿妈敬了个军礼。

"好啊好啊，我的儿子给阿妈敬礼了！平德，正德，快，快接哥哥回家去！"阿妈吩咐着俊德的弟弟妹妹说。

林俊德和弟弟、妹妹亲切地拥抱在了一起。"好啊，都长大了！真快呀！"一家人拉着手，说说笑笑地回家了……

当天傍晚，林俊德家小小的院子，一下子变得热闹起来了。小村庄里灯火初上，显得非常祥和。门楣上贴着"光荣军属"的门额，这是过新年时贴上去的，门框两边还挂有写着"光荣军属"字样的灯笼。小小的院子里笑语阵阵，挤满了男男女女、老老少少。在闽南的小山村里，任何一家的来客，往往也会成为全村的来客。

村支书喜得合不拢嘴，还没进门就嚷嚷着问道："老嫂子，我大侄子呢？"

俊德的母亲笑着说："挑水去啦！还是像在家时那样，闲不住呀，一到家，就抢着干这干那的，这不，小院里打扫得干干净净，水缸都挑得满满的了。"

村支书说："这个俊德啊，跟他阿爸年轻时一样，要是留在村里，也准是把干活儿的好手！"

正说着，林俊德挑着满满的两个水桶走进了家门。他脱去了军装上衣外套，只穿着白色衬衣，下摆扎在军绿色裤子里，挽着袖子，看上去是那么英俊、年轻。

母亲端出一小盘糖果招待乡亲们，说："来，大伙儿来尝尝北京的糖果，这是俊德的首长特意带给我这个当阿妈的，说是感谢我对部队上的支持。他三叔，你说我能给人家部队上'支持'什么？我连双鞋垫都没给人家首长纳过呢！"

乡亲们津津有味地分吃着林俊德带回来的糖果。

"老嫂子，可不能这么说呀，你把俊德这么好的儿子送到了部队上，这就是最好的支持嘛！'光荣军属'这四个字，可不是人人都有资格享受的光荣啊！"

俊德的母亲听了，满心欣慰地说："那倒也是呀！"

小小的院子里充满了快活的笑声……

"俊德啊，你给老叔和乡亲们说说，我记得你考上的是什么……学机器制造的，到了部队上，你也是在那里造机器吗？"

林俊德顿了顿，笑着说："三叔，你们想啊，部队上用的坦克、大炮、汽车，对了，还有装甲车那样的'大家伙'，不都得需要人去制造吗？我在学校里学的就是这个嘛！"

村支书说："那你们这支部队，驻扎在什么地方啊？怎么这么多年了，连封信都不给家里写？是不是要天南海北，要不断地……那叫什么来着？哦，叫'换防'，你们是不是要不停地换防，所以也没有个固定的地点呀？"

听村支书说到这里，林俊德不知道怎么回答才好，只好笑着说："三叔啊，你老人家对我们部队很关心、很了解呀！"

这时候，天上的繁星，在山巅间熠熠闪烁着。山冈，丛林，田野，小河……小小的紫美村里，灯火闪亮，沉浸在欢乐和祥和的夜色之中。小院里不时传出朗朗的欢笑声，好像把小山村的夜晚都醉透了。

林俊德在老家仅仅住了一天一夜，就要返回部队了。这天晚上，俊德一边帮阿妈搓着玉米棒子，一边和阿妈说着话。阿妈在给俊德缝补着汗衫。

再见，紫美村

做母亲的实在是舍不得让儿子走啊！她说："好不容易回家来一趟，阿妈还没看仔细呢，就要急着走？就不能再住上一天两天的？"

俊德说："阿妈，部队上任务紧迫啊！说实话，要不是有任务在身，我真想好好地在家里再住上几天。"

阿妈心里也在犯嘀咕，就问俊德："俊德，你跟阿妈说实话，你在部队上，真的是在制造坦克啊汽车啊什么的？你们不是大学生吗？按说呢，大学生该去教书，当先生什么的……"

俊德笑着说："阿妈，你怎么也像三叔一样，喜欢打破砂锅璺（问）到底啊？"

"你是阿妈一口水、一口饭养大的，在外面干什么工作，不问清楚了，阿妈心里不安稳呀！"

俊德听了这话，顿了顿，压低声音严肃地说："没有什么事情能瞒得过阿妈的眼睛哪！阿妈，我在部队上，确实不是在造坦克和汽车。不过，部队首长给我们规定了严格的纪律，我们所做的工作，是要严格保密的！"

"对自己的亲阿妈也不能说吗？"

"不能啊，阿妈，我们的纪律是'上不告父母，下不告妻儿'，连部队首长、中央首长，都是这样执行的！"

阿妈真是一位深明大义的好母亲，听到这里，抬起头望着儿子，说："这样，阿妈就不问了，什么也不问了！可别怪阿妈多嘴啊，你从小就没有享过一天福，跟着阿妈受尽了苦，阿妈是怕你在外面还是吃苦受累，阿妈心疼哪！"

俊德说："阿妈，你就放宽心吧，看，我的身体结实着哪！再说啦，部队里的条件，总比地方上要好一些，不会吃苦受累的！"

"那就好，那阿妈就放心了。对了，俊德，还有一件事，也是阿妈这些年来的一桩心事，你也到了这个年纪了……"

"阿妈，什么事啊？"

"你虚岁有二十六岁了吧？也该有个对象了……"

俊德笑了："阿妈，这个……还早嘛！再说，部队上像我这个年纪的人，都还没有成家呢！"

"不早了！你看村里头像你这个年纪的一茬后

再见，紫美村

生小子，哪个不娶亲生伢子了？趁着阿妈身体还能劳动，我也好早一点儿抱上个小孙子呀！"

俊德说："阿妈，你真是有操不完的心啊！"

这天夜里，林俊德躺在小床上，头枕着双臂，怎么也难以入睡。

阿妈不停地给俊德收拾着简单的行李，把一小箩煮熟的鸡蛋往提包里放着。俊德阻止她说："阿妈，别放了，留着给妹妹吃吧。你辛辛苦苦攒了这么久的鸡蛋，我怎么忍心带走呢？"

阿妈说："每年春上，阿妈都会给你留出一坛子来，用谷糠埋着，心想，俊德一回家，就能吃上阿妈摊的鸡蛋饼了。可惜呀，你几年也不回家来一趟。俊德，你就不能……再住上一两天？阿妈实在是没有看够你……"

俊德说："阿妈，不能啊！我跟首长说过的，回家看一眼阿妈，就马上返回部队。部队里任务紧急，同志们都在盼着我早点回去呢！"

"那又得什么时候才能回来呀？"

林俊德不知道怎么回答才好，只好支吾着说："阿妈……也许，等我们完成这次重大的任务，我再向首长请假,再回来看阿妈!"

阿妈说:"有你这样的好孩子,阿妈不论走到哪里,脸上都有光彩呀!"

林俊德一听这话,鼻子酸了,哽咽着叫道:"阿妈……"

夜晚的小院子里,天色朦胧。弯弯的月亮挂在天上,挂在远处的山峰间。远处是黛色的、朦胧的山影……林俊德走出小屋,依依地望着这熟悉的一切,心里也舍不得就这么匆忙地离开。不过,他抬起头望了望天象,还是走进了屋里。

"阿妈,我看我还是早点动身走吧,晚了,村里人都起来了,看见了要问长问短的。"

阿妈说:"俊德,真的就要这样急匆匆地走了?那你三叔,还有乡亲们,天亮了非跟阿妈要人不可啊!"

俊德说:"我还会再回来的嘛!就说俊德在的这个部队,有特别的纪律……"

星星悄悄隐退了。雾气蒙蒙的黎明时分,阿妈、妹妹和弟弟,在空旷的村口,依依不舍地送别俊德。阿妈流着泪,为儿子整理着衣角和帽子。俊德说："阿妈，我走了……你要多保重啊！"

阿妈扬了扬手，说："去吧，孩子，不要牵挂阿妈，到了部队，可要好好听首长们的话，听毛主席和国家的号召，好好为国家出力，多做贡献，别惦记阿妈……"

林俊德整了整军装，立正，给母亲敬了军礼，然后和弟弟、妹妹道别，提着简单的提包，一步一回头地离开了小村。

不一会儿，天大亮了。小山村的四周，轻柔的白雾在竹林边缭绕着，一声声鹧鸪的啼唤，从小竹林的深处传来，好像在说着："行不得也哥哥……"不知从哪座山崖上，还传来了隐约的山歌声。雾气蒙蒙，山路遥遥。一声声山歌，在云雾间缭绕回旋……

滚烫的初心

伟大的科学家约里奥·居里夫妇，为了提取出那珍贵又神秘的镭元素，先后试验了五千六百七十七次！

林俊德常常用这个事例，来鼓励他研制小组的同事们。回到罗布泊之后，他带领研制小组，开始对冲击波压力自记仪这块"硬骨头"下猛力了。

他开动脑筋，利用了从北京采购回来的一切用得上的物品。

比如，在压力膜片性能的静标定试验中，他们的试验工具竟然用上了在黑白铁铺焊接起来的简易储气罐，还有自行车打气筒。为了找出合适的介质，准确记录核爆炸时冲击波的波形，他绞尽脑汁，反复试验了各种材料。他使用过钢笔，却发现墨水容易溅出来；使用过铅笔，发现铅笔头很容易断掉；最终，他在戈壁上找到一种比较坚硬的木头，经过碳化后，解决了这个难题。

研究冲击波压力自记仪，离不开爆炸力学的研究和试验。从这时开始，林俊德后来几乎一辈子都在和炸药打交道。为了获得第一手信息，每次实地试验，他都不顾各种危险，尽可能地靠近目标去观测。

有一次，他带着小组进场，对炸药进行抽检。他们在一处空地上，挖了一个较深的土坑。

"所有的人，迅速离开这里，都躲到掩体里去，十分钟后，我会安装完毕。"他吩咐战友们。

"组长，冲击测试危险性很大，还是我们来吧。"

"不，每一条线路都是我设计和衔接的，这个只有我最清楚了。你们尽快到掩体那边去！"

等试验小组的人员都进入了不远处的掩体内，林俊德开始仔细地操作着手中的测试仪器，小心翼翼地检查着各种线路。这时候他也有点紧张，额头渗出了豆大的汗珠。

大家远远地望着林俊德独自猫着腰，在土坑里操作着。不一会儿，只见林俊德小心翼翼地站起身，轻轻地往地上放着电线，一步步地往掩体这边走来……

回到掩体后，林俊德果断地说了声："启动！"

可是，也许是因为炸药质量不过关，引信启动了好一会儿了，仍然不见爆炸反应。

大家都争着要起身冲过去，弄清楚到底是什么原因。林俊德立刻制止了大家："不慌！看来是一枚哑炮！"

过了许久，土坑边仍然没有任何动静。

"组长，让我去排除这枚哑炮吧！"

"不，解铃还须系铃人，还是我去吧。"

林俊德命令大家原地待命，自己跃出掩体，向着土坑那边走去。快到炸药放置点时，他回头说道："大家都趴下，不要抬头！"

结果，话音刚落，随后一声巨响，一个罐头盒子样的仪器被炸飞到了空中，然后又重重地摔

滚烫的初心 89

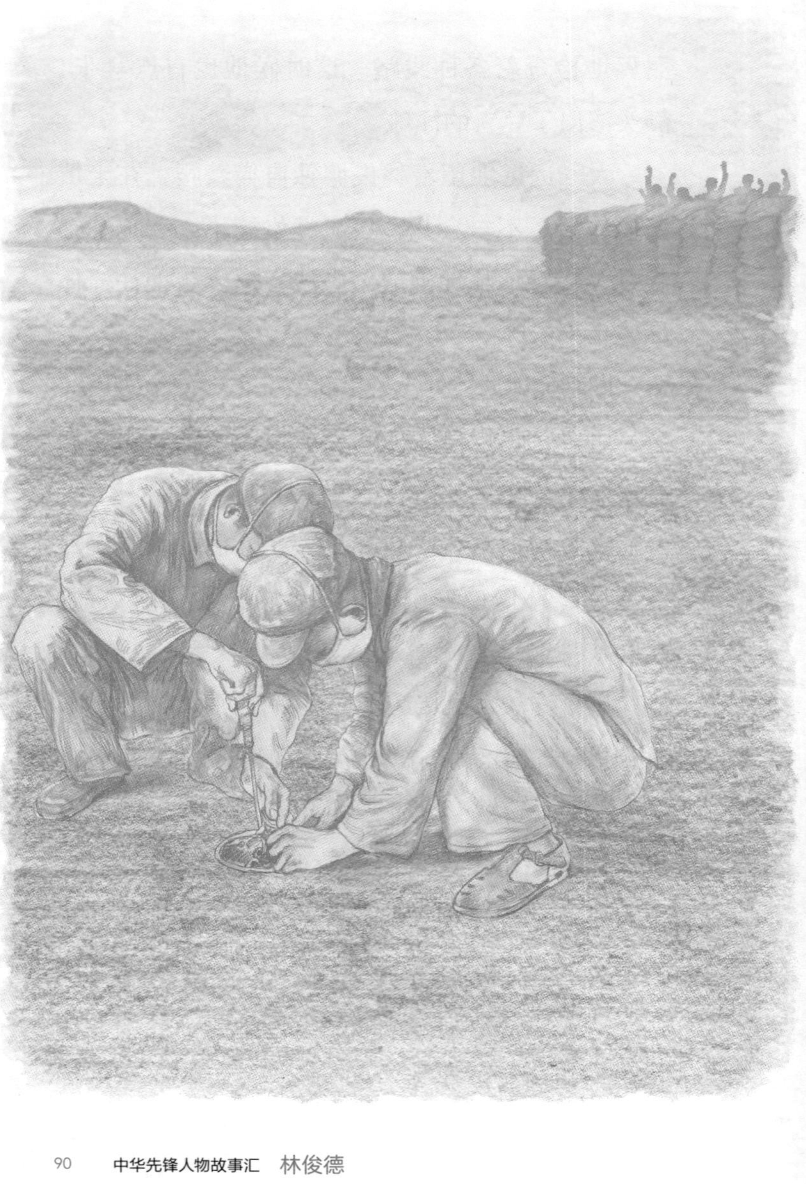

到了地上：仪器被炸瘪了……

"糟糕！又失败了！"有人垂头丧气地说。

"好像是提前响了！"

"看来是时间对接出现了问题！"

林俊德安慰大家说："只要测试出了具体的问题，就不算失败！"他在现场仔细地察看了半天，最终弄清楚了，这个问题仍然出在缺少精确有效的动力部件来控制好时间上。

还有一次，也是在试验中，一声爆炸巨响，炸飞起来的一块钢板碎片，竟把掩体附近的一棵碗口粗的胡杨树拦腰截断了，现场人员都吓出了一身冷汗。

林俊德却无所畏惧，第一时间冲了过去，获取了最精确的数据。

夜晚的帐篷内，一星小小的灯光，用旧报纸遮掩着，伴随着林俊德度过了不知多少个无眠的夜晚。

他伏在空木箱搭成的一张"桌子"上，专注地描图、计算，身边摆满了可用于试验的器具。

就在林俊德朝着他的压力自记仪，朝着这个

被同事们称为"拦路虎"的目标,"火力全开"的日子里,一个美丽的身影,悄悄地靠近了他。

一天晚上,在基地生活区,一道道炽亮的闪电掠过之后,隆隆的雷声紧接着从远处滚来,一场大暴雨迅即降临……

当时,虽然工程团正在不分昼夜地加紧施工,为大家建造冬暖夏凉的土砖房子,但是房子建起来前,大部分人还是住在简易的帐篷里。

这时,狂风呼啸,一些帐篷被吹翻了,一些仪器也暴露在暴风雨中。战士和科技人员们都在奋力抢护着仪器、资料等。

风雨中,基地首长和大家一起奋力拽着被大风掀翻的帐篷,指挥着大家保护仪器和设备。

林俊德也和战士们一起,用力拽着帐篷的绳子。有一个怀抱仪器的战士,被吹翻的帐篷裹带着,滚到了很远的雨水中……突然,一个高高的钢架就要被吹倒了!

林俊德见了,大叫一声:"危险!快躲开——"说着,他迅速上前,抱着那个战士和他怀中的仪器,滚到了泥水中。

钢架重重砸在他们身边！好险哪！钢架离他俩只有一点点距离。幸好仪器还被林俊德牢牢地抱在怀里……

这天晚上，在女兵们的帐篷外，暴风雨不停地肆虐着，生活区上空一阵阵电闪雷鸣……

林俊德和同事们、战士们一道，奋力拽着帐篷的绳子，雨水顺着他们的头发往下流淌，所有人的衣服都淋透了。

女兵们在忙碌地往仪器、资料上搭盖雨布。

林俊德曾经见过的女兵黄建琴，也和战友们一起跑出帐篷，帮男兵们拉绳子。

林俊德头也没抬，一把推开她说："快回帐篷里去保护资料要紧，外面有我们！"

黄建琴也不理睬他的话，仍然紧紧抓住风雨中的绳子，使劲地拽着。这时候，林俊德扭头一看，两个人都认出了对方，几乎异口同声地说："是你……"

雨水在两个年轻的脸庞上流淌。黄建琴朝林俊德一笑，继续帮着他拉紧了绳子……

暴风雨还在继续，夜空中电闪雷鸣。深夜的

帐篷里，女兵们脱下了湿透的军装外套，拧着水，整理着零乱的东西。

有个女兵看了看帐篷顶："大风总算小了一点儿了！要不然，我们的床就要泡汤了！"

"什么鬼天气嘛！说变脸就变脸，一点儿迹象都没有！"

"这就是大戈壁的风格啦！粗暴、猛烈，总是一副迅雷不及掩耳之势的样子！"

"哎呀，都快凌晨两点了！好了，暴风雨终于安静下来了，你们看，帐篷也不那么摇晃了，这下我们总算可以勉强打个盹儿了。"

这时，黄建琴端起几个脸盆，说："我把脸盆放到外面接点雨水，这里的雨水总不至于也是苦的、咸的吧？"

帐篷外一片漆黑，雨还在下着，只是变小了一点儿。

黄建琴把脸盆在帐篷边一一摆开，站起身正准备进去，突然一道无声的闪电闪过。借着电光，她看见几名战士都穿着带帽子的雨衣，正在无声地拉拽着她们帐篷的绳子，尽力不弄出动静来。

她再仔细一看，林俊德也穿着雨衣，戴着雨帽，正在用力拉着帐篷的绳子。闪电照亮了林俊德脸上的雨水……

黄建琴不由得大吃一惊："你们……原来你们一直没有离开这里啊？"

一个小战士把手指放在嘴唇上，调皮地示意黄建琴不要出声，小声说道："是我们连长放心不下，怕后半夜还有暴风雨，让我们在这里保护你们的，你们安心睡觉去吧！"

黄建琴再仔细往远处一看，借助着闪电的光亮，她看到，每一顶帐篷四周，都有穿着雨衣的战士在为科技人员们拉着帐篷的绳子，守护着帐篷……这一瞬间，黄建琴眼睛里噙满了泪花。

林俊德小声催促说："天快亮了，快进去睡一会儿吧！你们明天还要进场哪！"黄建琴感激地望着他，使劲地点着头，不知道说什么才好。

一九六四年六月的一天，基地首长告诉林俊德一个他盼望已久的喜讯：基地研究所党组织正式批准了林俊德的入党申请。

"从今天起,你就是一名光荣的中国共产党党员了!祝贺你啊,年轻的科学家同志!"

党委的领导张政委,向他表达真诚的祝贺。

林俊德得知这个喜讯,激动得顿时热泪盈眶,嘴唇抖动着,不知道该说什么才好,上前紧紧地握住那位首长的双手,说:"张政委,我……真没想到,组织上这么信任我!我……我觉得,此刻,我是世界上最幸福的人!"

当天夜晚,在研究所的一个简陋的小会议室里,两盏小小的煤油灯,被轻轻捻到了最亮,灯光照耀着会议室里的小小空间。只见一面鲜红的党旗,挂在正面墙上……

林俊德和另外四名新党员,在张政委的带领下,面对党旗,庄严地举起了拳头,齐声宣誓:"我志愿加入中国共产党……"

庄严的《国际歌》,从小小的会议室里,一直传向遥远的、苍茫的夜空……

这些日子里,在林俊德心中,时常浮现着他写在学习笔记里的一段话,那是青年时代的马克思的一段著名的誓语:

滚烫的初心

"如果我们选择了最能为人类福利而劳动的职业,那么,重担就不能把我们压倒,因为这是为大家而献身;那时我们所感到的就不是可怜的、有限的、自私的乐趣,我们的幸福将属于千百万人,我们的事业将默默地,但是永恒发挥作用地存在下去,而面对我们的骨灰,高尚的人们将洒下热泪。"

是的,是一种崇高的信念和热忱,是一颗纯真和炽热的初心,让他从一介书生,变成了一个勇往直前、无所畏惧的战士!他知道,他全部的力量、热忱和信念,只为了一个坚定的目标——新中国的强国梦想……

倚天长剑

一九六四年十月,对每一位参加过第一次核试验的人来说,都是个不平凡的月份!这也是新中国历史上的一个光辉灿烂的年份和月份。"十月怀胎,一朝分娩。"罗布泊的英雄们在大戈壁上奋战了这么多年,所有的奋斗和企盼,是为了什么?不就是为了即将到来的惊天动地的那一刻吗?是的,最激动人心的日子,正在向他们走来!

一九六四年九月,一个神秘的"大宝贝"被拆卸成两个部分,分别由飞机和专列运送到了罗布泊试验场。到九月二十五日二十四时之前,所有的岗位、人员和器械,都按计划进入了最后的待命状态。

这天,张蕴钰司令员向大家宣布了北京的指示:从即日起,基地与北京的电话联络暗号和密码是……

刚说到这里,有人打开笔记本,正准备记录。张蕴钰马上制止道:"不要记录。"他指了指脑袋,"请各位记在这里。"

张蕴钰宣布了由当时的国防科工委和二机部办公厅共同设计编制出的一整套高度机密和隐秘的暗语。

首次核试验的原子弹取名为"邱小姐",装运原子弹的平台叫"梳妆台",连接点火系统和插接雷管的叫"梳辫子",原子弹装配为"穿衣",原子弹在装配车间为"住下房",原子弹在塔上密闭工作间为"住上房",气象密码为"血压",正式起爆时间为"零时"。

黄昏时分的罗布泊上空异常安静,只有呼呼的风吹着铁塔的声音。凝聚着所有人心血的"邱小姐",经过基地司令部的首长和科学专家们一道道的签字后,一九六四年十月十四日十八时三十三分,从装配间里被缓缓吊出,慢慢地吊上了塔顶。

这是共和国历史上的一个庄严和难忘的时刻——

由数百名科学家、工程师、技术工人参与,经过了七十二个小时小心翼翼和惊心动魄的组装,这颗凝聚着数万人心血、智慧和力量,怀揣着中华民族和新中国强国梦想的原子弹,就像一个安睡中的婴儿,在一九六四年十月十四日十九时十九分,被平稳地、安全地吊送到了矗立在罗布泊试验爆心的一百二十米高的铁塔上。

这时候,基地接到来自北京的指示:"零时"时间确定为一九六四年十月十六日十五时!

许多年后,有一位参与这颗原子弹最后装配过程的科学家回忆说:"当他们把最后一个核心部件,安稳地装配在原子弹中央时,整个装配大厅里的空气仿佛凝固了一般。他们成功了,但是没有一声欢呼,也没有一声掌声,只有一片屏气凝神的、几乎令人窒息般的安静!"

是的,他们不敢欢呼,甚至都不敢大声地出气,因为他们中的每一个人都知道,在人类原子弹装配历史上，曾有两个悲痛的例子，人们记忆犹新——

美国核物理学家哈里·达格尼安，有一次在进行可裂变物质试验时，不慎引起了链式反应，幸而他在千钧一发之时切断了辐射源，而他自己在扼住了魔鬼咽喉的一刹那，却失去了生命。

第二位被核魔夺去生命的科学家，叫路易斯·斯特洛金，他在试验中，把两个含有裂变物质的半球置放在一根金属杆的两头时，两个半球发生了轻微的滑动，却立刻发出蓝色的"死光"！幸而他快速地拉开了两个半球的距离，不然，后果将不堪设想。

然而，罗布泊沙漠里的天气状况，往往是瞬息万变的，尤其是风向，更是难以预测。果然，这天刚到傍晚，试验场上就刮起了八级大风，刮了一夜还没有停止的迹象，塔身也出现了轻微的摇摆。

陈常宜、张寿齐、叶均道等七名值守人员被困在了塔顶上。

高塔下，张蕴钰、张志善和朱光亚等人闻讯

赶了过来,焦急地朝上观察着。

张蕴钰看了看手表说:"在高塔上的值守人员,已经有二十多个小时没有喝水和进食了,运输带已被大风刮断,食物和水迟迟输送不上去。不行!这样继续等下去,会出人命的,必须选派身手敏捷的人徒手登塔了!"

这时,只见张震寰政委带着一个年轻的战士快步跑来,战士的身上交叉背着若干水壶和装有干粮的书包、仪器……

张震寰政委对张蕴钰司令说:"这是气象观测员刘宝才同志,他曾多次徒手攀爬过这座铁塔,在上面测试风向和气温。"

刘宝才给首长们敬了礼,说道:"报告首长,这铁塔我熟,我有把握!"

张蕴钰看了看他,神色严肃地问道:"刘宝才,真的有把握吗?今天风沙强烈,气温很低,非比寻常啊!"

刘宝才说:"请首长放心,保证完成任务!"

张蕴钰握着这个战士的手说:"好,宝才同志,千万要小心,大胆,谨慎!"

"是！"刘宝才一个敬礼，然后转身往手掌上吐了口唾沫，双手抓住冰冷的钢梯，一步一步向上攀登……

越往上爬，风越大，铁塔摇得越厉害。大家都在下面紧张地注视着、期待着。刘宝才的身影越来越小，像是一寸一寸地在向高处挪动，终于把食物送到了塔顶……

多年之后，张蕴钰回忆说，一半是因为当时情况紧急，一半是因为当时正值困难时期，基地的每位官兵每天吃的都有定量，所以刘宝才徒手爬上铁塔给值守人员送去的，只有一天的定量。将军非常懊悔，当时为什么没有想到，多给他们带上去几个馒头。直到晚年，一想起这件事，张蕴钰司令心里仍然觉得十分歉疚……

高高的铁塔，就像一柄倚天长剑，直指云霄。周围每隔数米，就有一位手持钢枪、背对铁塔的哨兵。此刻，辽阔无边的罗布泊正在严阵以待，静静地等候那即将到来的惊天动地的时刻。

按照规定，每位战士必须背对着铁塔。有经验的老战士在较偏远的哨位站岗，新战士在靠中间的位置站岗。

十六日清晨，原子弹的塔上安装和测试引爆系统第三次核查完毕。负责插雷管的技术人员，由科学家陈能宽陪同着登上了塔顶，开始安插雷管。

这时候，只见高塔四周，茫茫沙海里，一顶顶简易帐篷好似连营千里，那是各有分工、准备获取相关数据的各个小组，大家已经就位待命。这其中，也包括负责收集冲击波数据的林俊德和他的压力自记仪小组。环绕在铁塔周围的，是早已布置好的进行效应试验的各种设施与"效应物"，包括飞机、汽车、坦克、房屋、大炮、钢梁等。

在各个系统分别自查之后，军委领导、基地首长和负责人指挥试验的科学家们，又把一些关键岗位，一一核查落实了一遍。

"一旦发生意外，紧急刹车能否做到万无一失？"

"报告首长，百分之百确保万无一失！"

"试验场外，烟云径迹侦察和地面观测，能否做到万无一失？"

"报告首长,我们确保万无一失!"

"不利情况下的人员紧急转移和疏散,是否能做到万无一失?"

"报告首长,我们确保万无一失!"

"早爆、误爆情况下的紧急处置,辐射侦察梯队和其他进入沾染区人员的转移与隔离,是否能做到万无一失?"

"报告首长,我们确保万无一失!"

"预定的数据采集与回收,能否做到万无一失?"

"我们确保万无一失!一架取样飞机已经在马兰机场跑道上待命;负责取样的小组已经就位,整装待发!"

……

最后,张蕴钰的目光扫过在场的所有人:"好,同志们,我们数万人前赴后继,苦苦奋斗几度春秋,所有反反复复的试验和预演,都只为了即将发生的这惊天动地的一瞬间!这个历史瞬间,正在向我们走近!现在,请一起核准北京时间……"

所有人都同时亮出了自己的手表或怀表。

"现在是十六日凌晨零点四十分……"

高塔下，一批批工程技术人员开始撤离，每一组人员撤离时，都会列队依依不舍地朝高塔挥挥手。持枪的战士严肃地站在高塔上那个小小的"铁皮屋"四周……

在黎明的曦光中，张蕴钰双手把两把通电钥匙交到现场试验部部长手中，然后字字千钧地说道："请你代表全体试验人员，接受中央首长和全国人民的嘱托！"

钥匙虽小，却真的是重若千钧！试验部长看见，司令员黧黑的脸颊上，又鼓起了一道道肌肉棱子，眼睛里好像已经湿润了。

"请首长放心吧，我们要用这两把通电钥匙，去开启一个惊天动地的历史瞬间！"

张蕴钰庄严地给这几位操作员行了军礼："同志们，祝你们成功！"

操作员们都激动地说："请首长放心，我们一定会成功的！"

"成功！"

"成功!"

接下来,所有参试人员都撤离了试验现场。军委领导和专家都撤离到了距离铁塔有二十三公里的主控站里。大家都准备好了墨镜,静候那个期盼已久的时刻。

最后,爆心现场只剩下了少数几位军人。在最后一组军人也开始撤离时,张蕴钰忍不住又转身看了一眼高塔。这时他突然看到,有一幅毛主席像还挂在塔下。

他赶紧吩咐道:"把毛主席像摘下,带走!"

巨大的毛主席像被小心地取下,抬上了卡车。然后,张蕴钰和战士们都站得笔直,一起向着安静的、空旷的高塔,行了个庄严的军礼。礼毕,张蕴钰命令道:"全体撤离,各就各位!"

最后一辆吉普车和最后一辆卡车,也卷着尘土驶离了现场。空旷的高塔下,一切都显得那么寂静,只有微风,在悄悄地吹卷着地上的细沙。一些芨芨草、红柳和骆驼刺,在微风中轻轻摇晃着……

蘑菇云升起的时刻

一九六四年十月十六日,辽阔无边的罗布泊大漠,在寂静中等待着一个奇迹的出现,等待着一声惊天动地的巨响。

马蹄表的指针,在一秒钟一秒钟地跳动着。临近下午三点时,主控室里的空气似乎凝固了,每个指挥员都紧张得快要窒息了。

这时候,在一个掩体里,程开甲正在检查林俊德小组的人员穿上和脱下白色防护服、防护面具的各个步骤……

程先生再一次叮嘱说:"到时候,你们务必在第一时间,尽可能多地取回相关数据,还要特别注意安全防护!要知道,爆炸后的烟雾,尤其是你们安置的各个测量点周边的核辐射与核沾染,是我们无法想象的,对身体的危害将是致命的!"

林俊德说:"程先生,我们不怕,只要能在第一时间取回可靠的数据,就是豁出眼睛,豁出生命,我们也在所不惜!"

程开甲厉声说道:"俊德,不许你们这么想!生命是宝贵的,你们必须考虑周全,做到万无一失!"

平日里总是觉得时间过得太快,可这会儿,时间怎么过得这么慢啊!林俊德一边在等待着"冲出去"的时刻,一边想起了自己曾对黄建琴做过的一个许诺。

有一天,黄建琴来为他鼓劲加油,林俊德半开玩笑地对她说:"等蘑菇云升起的时候,你们可要替我们多看几眼啊!"

"这是为啥?这么重要的时刻,你们自己不会看?"黄建琴问道。

"到时候,我们小组都要到取样点去隐蔽待命,可能看不见蘑菇云升起的那一刻。"林俊德解释说。

黄建琴望着他，有点担心地说："林俊德，你……你们到时候都穿上了防护服，戴着防护面具，我们根本认不出谁是谁了！等你成功地取回数据返回的时候，一定要高高地扬起右手，好让我知道哪个是你哟！"

林俊德一听，高兴地扬起了右臂，演示着，摇晃着："是这样吗？是这样吗？"然后，他又信心百倍地安慰黄建琴说，"放心吧，我相信我的那个'罐头盒'，它不仅凝聚着我们整个小组的智慧，还带着我的全部感情！"

想到这里，林俊德的心里不仅有十分的幸福，也充满了必胜的信心。

他给队员们的装备又做了最后的检查，然后鼓励大家说："我们都要记住，小小的'罐头盒'，凝聚着我们每个人这么多年来的智慧和心血！现在，是让它发挥作用的时候了！我们一定要在第一时间抢回它，多拿回一组数据，就是为祖国多了一份献礼！"

队员们齐声坚定地回答："为毛主席立功！为

新中国争光!"

"防护服的每一个扣带,一定要扎系牢靠!鞋带一定要系紧!到时候,我们每个人都必须变成沙漠上的'飞毛腿'!"

有人故意开玩笑说:"哎,组长,你不是说要大家变成射出枪膛的子弹吗?怎么又改成'飞毛腿'了?"

林俊德说:"都是一个意思,'飞毛腿'不是更形象,更好记一些吗?"

离"零时"只剩下最后半分钟了。在主控室里,一排排指示灯嗒嗒嗒地迅速依次序闪烁着。一个年轻的女兵,目光随着红色指示灯移动着,一边报数:

"……九、八、七、六、五、四、三、二、一、零!"

"起爆!"

"起爆!"

"起爆!"

茫茫的罗布泊深处,倏地出现了一道红色的强烈闪光……

闪光过后，隆隆的雷声滚过人们的头顶，震撼寰宇。冲击波挟着雷电，横扫着无边无际的戈壁。巨大的火球翻滚着升上高空，不断地向外膨胀，渐渐形成拔地而起的巨大的蘑菇状云朵……

忽然，人群里迸发出了第一声欢呼！紧接着，就像海浪决堤一般，欢呼声呼啸而起，人们激动地甩掉了帽子，挥动着外套，跳跃着，奔跑着，欢呼着……

这是横空出世的一朵蘑菇云，也是凝结着中华儿女的心血和热望、连接着共和国命运的一声巨响！

巨大的蘑菇云，不断变换着色彩，就像一顶巨形草帽，在高远的苍穹里旋转，升腾，再旋转，再升腾……

大家眼里涌出了泪水，互相拥抱着，跳跃着。首长、将军、科学家、战士、技术人员，都紧紧地拥抱在一起，泪水流淌在每个人的脸颊上……

这时候，在几公里之外的沙漠上，负责收集数据的林俊德和他的队员们，身穿白色防护服，乘着吉普车，正向着一个个测试点飞驰而去。透过防护镜，林俊德的眼睛里闪烁着激动的泪光……

在现场指挥第一颗原子弹试验的总指挥、中央军委副总参谋长张爱萍，在第一时间向北京报告了这个巨大的喜讯：中国第一颗3.2万吨TNT当量的原子弹，爆炸试验成功……

从电话那端传来了周恩来总理喜悦的声音。不过，周总理还是谨慎地询问，你们用什么证据来向世界证明，这是真正的原子弹爆炸呢？

张爱萍报告说："我们已经看到巨大的蘑菇云了！"

周总理说，不，仅凭蘑菇云还不够，你们要拿出确切的数据，证明这是核爆炸。

就在这时候，程开甲激动地带着一位还来不及脱下白色防护服的人赶了过来。只听到程先生大声说道："有了！有了！我们有数据了！冲击波的数据已拿到，从记录的波形和计算的数据证明，这次爆炸是核爆炸。"

张爱萍随即向周总理报告了刚刚拿到的数据。原来，巨响过后，林俊德和他的压力自记仪项目组，快速从速报测点取回了一个他们戏称为"罐头盒子"的测量仪，然后把记录着核爆炸冲击波波形的玻璃片放在测量显微镜下，判读出了确切的数据。程开甲等专家们根据这些数据断定：这是一次成功的核爆炸！然后向核试验总指挥张爱萍证实了核爆炸的真实性。

当压力自记仪项目组成员们脱去被汗水湿透的口罩和防护服时，人们惊奇地发现，为这次试验提供了冲击波数据的几个人，全是二十几岁的小伙子。他们的组长林俊德，也才只有二十六岁。

"了不起啊，同志们！你们立了大功，压力自记仪立了大功啦！"张爱萍总指挥激动地拍着林俊德等队员们满是尘土的肩膀，激动地说道。

林俊德顾不得擦去脸上的汗水和泪水，和首长们、战友们紧紧地拥抱在了一起。

"我们成功了！"

"是的，我们成功了！"

这时候，在指挥室里，还出现了这样一个小插曲，后来一直被奋战在罗布泊的人们津津乐道——

就在总指挥刚刚放下话筒，准备和大家一起狂欢的时候，那部直通北京中南海的红色电话机又响了起来。

张爱萍一把抓起电话，又听见了周总理亲切的声音。周总理说："爱萍同志，你不是告诉过我，罗布泊有不少'花木兰'吗？我很想听听她们的声音啊！她们在不在你旁边啊？"

"花木兰"是所有战斗在罗布泊的女科学家、女科技人员和女兵的代称。

这时，正好王汝芝、黄建琴等几个女同志跑了过来。

张爱萍一边听着电话，一边赶忙朝她们招手，等她们走近，就笑着把话筒伸向了她们："是周总理的电话！总理要听听你们这些'花木兰'的声音。"

"什么？是敬爱的周总理要我们接电话？"

"是的，是总理想听听你们的声音。"

顿时，这几个女同志激动得有点蒙了，一个个连忙往后退，谁也不敢去接那个话筒。

到底还是大姐王汝芝比较老练，她略一愣神，就抓过话筒，激动地说道："报告总理，真的是您吗？总理好！我们是'花木兰'，是的，我们看见蘑菇云了，好大好大的一朵蘑菇云……"

周总理的声音是那么爽朗、亲切，他说："好啊，'花木兰'同志，你能不能给我描述一下，它除了像蘑菇，还像什么？"

"还像什么……"王汝芝捂住话筒，眨了眨眼睛，求助般地望着大家。姐妹们都紧张地摇头，不知道怎么描述。

张爱萍着急地握了握拳头，意思是鼓励她勇敢地回答总理的问话。

王汝芝看到了张爱萍握紧的拳头，一下子恍然大悟，激动地把话筒贴在嘴边，大声回答："报告总理，我觉得，它还像是我们首长举起的一个铁拳头！"

周总理说："回答得好啊，'花木兰'同志！不过，岂止是首长举起的拳头？你应该说，它更像是面对帝国主义的威胁，中国人民在大地上举起的一只铁拳！我代表毛主席、党中央，祝贺你们啊！你们了不起啊！……"

电话那端传来的爽朗的笑声，感染和鼓舞着在场的每个人。

事后，人们仔细统计了一下，参与中国第一颗原子弹研制的科学家和技术人员，平均年龄仅有二十九岁。其中，王淦昌五十九岁，彭桓武四十九岁，郭永怀五十一岁，程开甲四十六岁，陈能宽四十岁，朱光亚三十九岁，邓稼先三十九岁，周光召三十五岁……

这是新中国核事业的一代开拓者与奠基者！

试验测试结果表明：中国第一颗原子弹从理论、结构、设计、制造，到引爆系统的设计制造及测试方法，均达到了相当高的水平。这朵蘑菇云的升起，也标志着中国国防现代化进入了一个全新的阶段。

当天夜晚，整个罗布泊好像沸腾了一样。篝火熊熊燃烧着，欢呼的浪潮一浪高过一浪。所有的人都尽情地欢呼、拥抱、跳舞……

"首长，这样的时刻，怎能没有诗啊？"有人大声提议说。

张蕴钰双臂一挥:"好,那就来它一首!"他清了清嗓子,声音洪亮地朗诵道:

光巨明,声巨隆,
无垠戈壁腾立龙。
飞笑触山崩!

呼成功,欢成功,
一剂量知数年功。
敲响五更钟!

张爱萍原本也是一位"戎马诗人"。有人乘兴说:"两位首长都是诗人,都应该有诗啊!"

张爱萍听了,也不客气,解开衣领扣,说:"张司令这首词,用的是《长相思》的词牌,那我就步其后尘,来一首《清平乐》吧!"

说着,张爱萍挥动着双臂,也充满激情地高声朗诵道:

东风起舞,

壮志千军鼓。

苦斗百年终复主，

英雄矢志伏虎。

霞光喷射云空，

腾起万丈长龙。

春雷震惊寰宇，

人间天上欢隆！

张爱萍的朗诵，在狂欢的人群里再次掀起热烈的高潮。

张蕴钰朗朗大笑着说："好一个'苦斗百年终复主，英雄矢志伏虎！'同志们，张副总长歌咏的'伏虎'英雄是谁？不就是你们，不就是我们伟大新中国的人民吗？"

在中国第一颗原子弹成功爆响的当天夜晚二十二时，中国政府向全世界郑重声明：

"……中国进行核试验，发展核武器，是被迫而为的。中国政府一贯主张全面禁止和彻底销毁核武器……中国发展核武器，不是由于中国相信核武器万能，要使用核武器。恰恰相反，中国发展核武器，正是为了打破核大国的核垄断，要消灭核武器。中国政府郑重宣布，中国在任何时候、任何情况下，都不会首先使用核武器……"

事后，基地研究所在冲击波测量成果汇报和数据对比中，大家公推林俊德小组研制的钟表式压力自记仪取得的数据最完整，质量最好。基地试验委员会据此给林俊德的这个小组记集体二等功，给林俊德本人记二等功。林俊德也成了基地研究所第一个因为科研项目成功用于核试验而荣获二等功的青年科学家。

雪山奇兵

第一颗原子弹爆炸成功之后,奋战在罗布泊的科学家和将士们,又马不停蹄,乘胜前进,向原子弹"空投试验"吹响了集结号。

什么是"空投试验"呢?

原来,当新中国第一颗原子弹爆炸成功后,一些西方大国即做出预测:在未来五年之内,中国不会有原子弹"运载工具"。西方还有媒体报道:中国人目前是"有弹无枪"。他们所说的"运载工具"和"枪",就是原子弹的"空投试验"所要解决的问题。

这么说吧,第一颗原子弹爆炸成功,主要是解决了一个固定在高高的架子上的"核装置"问题。它还不能算是"核武器"。要真正打破超级大国的核垄断，就必须让原子弹"武器化"，让原子弹变成能像炸弹一样投下去，也能像子弹一样射出去的武器。

一九六五年五月十四日上午十时许，一架轰炸机，从罗布泊无人区上空，成功地投下了一枚核弹！

这时候，整个西方世界几乎不敢相信，这个新生的共和国，在第一颗原子弹刚刚爆炸成功后半年之内，竟然又成功实现了第一次空投原子弹的梦想。

这次空投试验表明，中国的核武器研制向着武器化迈出了一大步。人们形象地把这一步比喻为"如虎添翼"。

紧接着，一九六六年年底，我国首次氢弹原理性试验也即将进行。这次试验，采用的也是空投试验方式。

为了掌握氢弹试验时投弹飞机的安全论证资料，就需要获得空投的冲击波测量数据。投弹将在高空进行，不用说，冲击波测量也要在高空进行。这比在地面上收集数据困难得多！比如，需要解决自记仪高空布点、高空防冻、高空测点定位、落地防震、第一时间搜寻回收等一系列难题。

测量仪器要在零下六十摄氏度的低温下工作，当时研究所的实验条件还不具备。怎么办？

林俊德天生就有一股不肯服输的倔强劲儿。他给小组里的战友们鼓劲说："只要开动脑筋，办法总比困难多！"

几天后，林俊德做出了一个大胆的决定并获得批准：他和战友们一起，背着仪器，爬上了海拔近三千米的天山山顶……

高高的雪山上冰封雪冻，滴水成冰。年轻的队员们必须在夜间的雪地上守望、调试测量仪器。

天山的冰雪山谷间，迎来了一支奇兵。呼啸的寒风吹着他们，每个人的鼻尖上、眉毛上都结上了一层银霜。不一会儿，每个人的双手都快冻僵了，他们只好一边工作，一边不停地往手上哈着气，搓着手……

"再看看，现在温度是多少？"

"报告，现在是零下二十五摄氏度，还没有达到预想的低温。"

"这鬼天气！是故意跟我们作对吧？就不能再冷一点儿吗？"

"一连几天了，温度变化总是不大，怎么办？这样等下去，吃的、喝的，都会成问题的！"

"等！再难也要等！高空气温已经开始下降，可能不久就会有一团强大的冷空气袭来，我们一定不能错失这次试验的机会！"

天山之巅的最低温度，竟然也一直没能达到林俊德他们想要的试验标准温度。他们几乎要绝望了！

他们在高高的雪峰上架设起相关设备。他们的任务是要在空投爆炸时获得空中冲击波的测量数据，这个工作要求他们必须把所有的仪器送上高空。核爆炸时，所有的仪器必须处在要求的空间位置，爆炸完成后，仪器会落到预定地区，然后他们将在第一时间搜寻回它们。

经过反复商量，林俊德他们最终采用高空放

飞试验来解决低温问题。

"好，我们保证一个气球也不会飘走！"有人拍着胸脯说。

林俊德叮嘱大家说："不仅仅是气球的问题，更重要的是人！这样的高山大风，必须要保证人不要被大风吹走！"

接着，又有人提出来一个难题："仪器在上升和下落过程中，会不会遇到急剧的气压变化？"

"问得好！这正是我们首先要寻求的答案。"林俊德说，"我们首先必须测试出，我们的仪器能否耐得住零下五六十摄氏度的低温，然后是在落地时能否承受住强烈的冲击。"

在风雪呼啸的天山上，他们边设计，边试验，边改进。

"现在的最低温度是多少？"

"零下二十二摄氏度。"

"这个温度显然还不够！看来，白天不可能再有更低的温度了，必须利用雪山上夜间的最低气温来试验了！"

就这样，这个测试小组的全体成员，硬是以

"黄沙百战穿金甲，不破楼兰终不还"的勇气，在经过了几十个日夜的反复试验之后，终于成功地把六个硕大的、携带着压力自动记录仪的红色气球升上了万米高空，准确地完成了他们自己动手研制出来的自记仪在高空低温状态下的工作性能测试。

像这样各有分工、各负其责的专业工作小组，又何止林俊德他们一个！有不少科技人员和部队官兵，就在一次次高空危险作业中，或因遭遇了雪崩和风暴，或因高架设备坍塌，或因试验失败，献出了自己年轻而宝贵的生命。

一系列的高空试验，为来年将要进行的我国第一颗百万吨级氢弹试验的投弹飞机安全论证，做好了准确的数据准备。

一九六七年六月五日，经过日日夜夜的苦战，我国第一颗氢弹装置加工完毕。三天后，氢弹装置就运送到了试验场上。罗布泊又一个激动人心的日子，即将来临。

当时，从军队到科研部门，一共有三十多个单位的六千多名技术和后勤人员，陆续进入试验场中的指定位置。

在靶区的不同方位和不同距离处，由十个效应大队，分头布置了一百四十多项效应试验项目，设置的效应物包括飞机、舰船、装甲车、高射炮、铁塔、动物等，将近两千个种类。

六月十二日，中央军委副主席聂荣臻元帅亲赴罗布泊试验现场，领导这次氢弹试验。

六月十七日，好像是天公有意作美，罗布泊荒原上出现了一个少见的异常晴朗的好天气。

上午八时许，一架轰炸机从远处飞来，慢慢进入了已经各就各位的人们的视野里。奇怪的是，轰炸机在靶区上空盘旋了一圈后，竟然又飞出了人们的视线。这是怎么回事呢？

顿时，在场的首长和科学家们的心，仿佛都提到了嗓子眼儿。难道是出什么状况了？

大约二十分钟后，轰炸机再次飞进人们的视线里。这一次，飞机在绕场一周之后，突然抛出了一颗弹体。只见白色的降落伞拽着弹体，在晴朗的天空中缓缓下降着，下降着……

不一会儿，伴随着一道强光闪过，氢弹爆

响了!

刹那间,在场的所有人都亲眼看到,天空中竟然同时出现了两颗"太阳"!

当然,大家都知道,那颗比真正的太阳还要大的"火球",就是我们成功爆响的第一颗全当量试验氢弹!

这颗氢弹拥有三百三十万吨TNT当量,在距离靶心地面三千米的高空完美地爆响!

巨大的蘑菇云缓缓翻卷着,升上了蓝天。轰鸣声,欢呼声,在罗布泊的天上和地下响成了一片……

此刻,在大西北地区,在乌鲁木齐,在库尔勒,甚至在吐鲁番的正在行驶的列车上,人们都惊奇地看到了奇怪的闪光、火球和巨大的蘑菇云。

"快看哪!天上出现了两颗太阳……"有人还这样惊呼道。

事后人们才弄明白,在这次空爆试验中,真的发生了一个有意思的小插曲:那架携带着氢弹的轰炸机,原本在飞至靶心第二圈时就应该投下氢弹的。可是，也许是因为飞行员过于紧张，也许是冥冥中有一种力量在推动，使这个来之不易的历史瞬间，故意要和参与试验的人们开个小小的玩笑，飞机竟然绕着预定的靶心一连飞行了三圈之后，才把那枚氢弹稳稳地投了下去……

这短短的三圈，使每个人的心理承受力都到了极限！

爆炸后的第三天，林俊德带领着数据回收小组，乘坐直升机进入了沾染区上空，全力搜索落地的仪器，为每个仪器落点标示出了具体的位置。整整一个白天里，他们在距离爆心三十多里的范围内，成功回收了三个记录着高空冲击波可靠数据的仪器，为这次全当量氢弹空爆试验，拿回了准确的数据。

就在第一颗氢弹成功爆响的当天深夜，中国政府通过新闻公报，再次向全世界表明了对于核试验的态度：

"今天，一九六七年六月十七日，中国的第一颗氢弹在中国的西部地区上空爆炸成功了！……中国进行必要而有限制的核试验，发展核武器，完全是为了防御,其最终目的是消灭核武器。在任何时候,任何情况下,中国都不会首先使用核武器。"

多年后,林俊德在回顾中国核试验走过的历程时,无限感慨地说,中国核武器事业从无到有,从有到强,是全国上下大力协作的结果,倾注着集体的智慧和心血。有许多部队将士和科学家、工程技术人员都默默地做出了巨大的牺牲,不少战友贡献出了宝贵的生命……

当时,罗布泊的一片胡杨林,成了一块临时的烈士墓地,那里掩埋着在核试验中壮烈牺牲的许多科技人员和部队的官兵。

他们把自己鲜红的热血洒在了这片大漠上,洒在了共和国国防事业光辉灿烂的历史上,他们年轻的生命,高比天山,阔如大漠。

胡杨树与马兰花

罗布泊沙漠里,有一片狭长而开阔的谷地,叫红山山谷。它就像大自然特意在人迹罕至的地方开辟出来的一片世外桃源,千百年来,一直隐藏在蜿蜒迤逦的天山深处的皱褶里,鲜为人知。

随着罗布泊核试验的步步推进,从一九六六年开始,中国核试验基地研究所的所有机构,陆续告别了临时帐篷,迁进了位于天山南麓的这片隐蔽而开阔的红山山谷之中。

红山营房外面,西北角靠近山根处,几株白杨掩映着一排干打垒的平房,房子不远处有一条由山顶的积雪融水汇成的小河。一些平房门前的院子,四周用红柳枝条围成矮矮的篱笆墙和小院门。这里是科技人员和后勤人员的宿舍。

黎明时分的红山，火红的霞光映照着附近的山冈、小河、房屋和树木，一声声嘹亮的晨号声在天空回响……

一九六七年早春时节，林俊德和黄建琴这一对相爱的年轻人，在红山研究所的小礼堂，举行了一个十分简单和温馨的婚礼。

三年前，两个人在试验场里不同的岗位上，共同参与了首次核试验任务后，在撤到基地短暂停留期间，一位姓王的指导员找黄建琴谈话说："黄建琴，对林俊德那个人，你到底是什么态度？"

"我和他又不熟悉，能有什么态度？"黄建琴羞涩地说道。

"你少来啦！别以为大家看不出来，你对他观察也观察过了，考察也考察过了，应该表明自己的态度了吧？"

"这……"

"这什么这？……干脆点说，你愿不愿意吧？"看来，这个王指导员的性格，像个大炮筒子,喜欢直来直去的。

"那……那也得看看林俊德什么态度嘛!"

"林俊德的态度很简单,就两个字——愿意!"

于是,这一对彼此都有好感、互相牵挂了许久的年轻人,幸福地走到了一起。

大漠上的婚礼,简单得不能再简单了。程开甲先生亲自做他们的证婚人。基地首长和同事们买来一些糖块儿、瓜子、红枣和花生,一边为他们祝福,一边分享了他们的喜悦……

两个人把单位配给的简易床铺、一张小书桌、一把椅子,以及各自简单的行李搬到一起,就算有了一个小小的新家了。

可是,就在新婚第二天,林俊德小组接到了新的试验任务,马上就得进入新的场地。

林俊德不忍就这样离开,刚想开口解释,黄建琴马上摇摇手,阻止他说:"不要告诉我你们的事情,你不说我也明白。其实,我也想告诉你,就在昨晚,我们小组的任务也已经下达了。"

林俊德一听,苦笑着说:"好嘛,一场真实的《新婚别》就在眼前。我们可能先走,你们后脚也要进入试验场地。也好，我们就用各自的工作，去演好这一出现代版的《新婚别》吧。"

果然，大红喜字还贴在宿舍的门楣上，两个人就一前一后，奔赴各自的试验场去了……

不久，温暖的春天来到了戈壁滩上，美丽的马兰花，又在孔雀河畔悄悄盛开了……

有一天，黄建琴让林俊德给她推荐几本书读。

林俊德说："我读来读去，还是觉得，毛主席的文章写得最好！又通俗易懂，又生动活泼。所以啊，要读还是读毛主席的书吧！"

黄建琴娇嗔地说道："就你进步！"

不久，黄建琴怀孕了，身体反应很大。林俊德手足无措，觉得照顾妻子，比侍弄他那些"罐头盒"还要难。

黄建琴嗔怪说："谁要你侍候了！我从决定嫁给你那一刻起，就没有指望你能照顾我。"

像往常一样，林俊德一有时间，就琢磨他的仪器和图纸去了。他们小组正在尝试攻克一项爆炸力学上的难题。

他对同事说："我们要研究爆炸力学，就不能不和炸药打交道。为了拿到第一手资料,只有尽可能地离炸药近一点儿才好。"

他知道,自己的工作具有很大的危险性,所以他常叮嘱自己的同事说:"你们千万不能跟建琴讲这个,她胆子小,神经脆弱,一旦知道了我的工作性质,就会天天提心吊胆的。"

研究所的生活条件十分艰苦,所有生活物资都需要从外面运到红山山谷里来,物质的匮乏就不难想象了。随着预产期的一天天临近,未来孩子的出生和抚养,成了这对小夫妻面临的一个大难题。

当时,不少在基地工作的女同志怀孕后,大都是在快要临产时,获得基地批准后悄悄回到各自的老家去待产。

两个人商量后,也决定让黄建琴回老家去待产。这对奋战在试验场地的技术人员黄建琴来说,无疑是一个痛苦的,却又无可奈何的选择。

临产前正赶上春节,林俊德又有任务,不在她的身边。黄建琴只好挺着大肚子,独自踏上了返回江苏老家的漫漫路程。

她先是坐着汽车颠簸了十多个小时，才从红山走到吐鲁番火车站。因为买不上卧铺票，她只好挤上硬座车厢，在拥挤的座位上熬了四天四夜，才到达南京。然后又坐了十多个小时的长途汽车，才回到盐城老家。

他们的第一个孩子是个女儿，名叫林春。女儿出生后，黄建琴得了急性乳腺炎，好长一段时间里，持续高烧四十一度，几乎无法照顾刚出生的婴儿。这时候，她的父母亲年事已高，身体又不好，照顾婴儿的事情全靠大嫂帮忙了。

产假很快就休完了，黄建琴明白自己应该尽快返回基地了。孩子还这么小，自己和俊德的工作又那么忙，如果把小宝宝带到基地里，肯定无法抚养。怎么办呢？

实在是想不出更好的办法了，黄建琴就厚着脸皮央求大嫂说，能不能把孩子留在老家，请大嫂帮忙抚养和照顾？

可是，大嫂自己也有六个小孩需要抚养呢！加上苏北当时的生活也很困难，大嫂哪敢应承下来？所以只好如实对建琴说："孩子这么小，怕是……怕是养不活啊……"

黄建琴含着泪、忍着痛、咬着嘴唇说:"就算养不活……我和俊德也……也不会怨你……"

善良的大嫂只好叹着气,从建琴怀中接过了还在襁褓里的婴儿。

黄建琴忍着与幼小的女儿分离的痛苦,擦干眼泪,毅然返回了罗布泊。大嫂在家乡一直把孩子抚养到了三岁,建琴才回到老家把女儿小春接到了基地。

林俊德和黄建琴的第二个孩子是个儿子,名叫海晨。像女儿出生时一样,黄建琴也是回到老家,生下了这个儿子,然后把孩子留在老家,由年老的外婆艰难地抚养着,也是长到了三岁,才把孩子接到了基地。

两个孩子刚到基地时,因为营养不良,体质都很弱。为了能给孩子们增加一点儿营养,平时十分胆小的黄建琴,胆子和毅力竟然变得出奇的强大起来!

有一次,一场雨把小海晨给浇病了。为了给孩子买一点儿鸡蛋,增加营养,黄建琴只身走过

胡杨树与马兰花

戈壁山道，去往山下的维吾尔族兄弟的村庄里，挨家挨户购买鸡蛋。

住在山下的老乡，家家都养着身体硕大的狗，见了陌生人会突然蹿出来，扑过去。黄建琴为了给自己壮胆，每次去时，手里都会握着一根"打狗棍"。即使这样，每次去也都会吓出一身冷汗。

从山下回到基地，路途很远，有时走着走着，天就黑下来了。这时，从黑黢黢的沙漠深处，会传来一阵阵胡狼的嗥叫声……

每当这时候，黄建琴会把手中的棍子握得更紧，好像随时准备着与野狼搏斗一番。

回家后，黄建琴把一路的经历讲给林俊德听，埋怨俊德只顾着工作，一点儿也不会照顾两个孩子，结果让她这个当妈妈的经常是"打狗棍"不离手……

林俊德听了，就笑着安慰建琴说："你难道忘了首长说过的一个比喻吗？我们在这里造原子弹和氢弹，不就是要让中国人民的手上，拥有一根结实的'打狗棍'吗？"

"这么说来，'打狗棍'对咱们马兰人还有特殊的意义哪！"

"谁说不是哪？咱们搞原子弹，毛主席也说过的，原子弹，不就是一根'打狗棍'吗？不是真的用来打狗的，而是用来吓唬霸权的帝国主义和他们的走狗的！"

"那你也不能不顾孩子们的成长吧？"

"你放心，建琴，小春和海晨都是罗布泊的孩子，时间久了，沙漠上的风沙雨雪也会让他们拥有胡杨树和芨芨草般的坚韧与顽强的秉性的，你不用太过担心。"

"就你的道理多！反正我说不过你……"

不久，整个中国进入了一个特殊的和动荡的历史时期。一场政治斗争的风暴，也刮进了遥远的罗布泊核试验场。林俊德和黄建琴都在经受着新的严峻考验。

那些日子里，黄建琴深深感受到了丈夫沉重的心事，默默地为林俊德担忧，担心他是否能经受住这场风暴。

林俊德安慰黄建琴说："你放心吧，建琴，我是一名共产党员，我对党、对毛主席、对国家、对人民，无限热爱，问心无愧！"

黄建琴说："这些我都知道，别人对你不了解，难道我也对你不了解？我是说，你那个'一根筋'的脾气，容易冲动吃亏！"

林俊德说："那就更不用担心了！你难道不知道，大沙漠和戈壁滩上的胡杨树的品性吗？活着，千年不死；死了，千年不倒；倒下，千年不朽！建琴哪，我们都是马兰人了，将来可能一辈子都要扎根在马兰！你也要学学胡杨树的品性！"

黄建琴自嘲地说："你是胡杨树，我嘛，我最多只能学一学马兰花。"

林俊德说："马兰花也很好啊！你是不是也唱过'马兰花，马兰花，风吹雨打都不怕'？罗布泊荒原上的马兰花，也是一种坚强不屈的生命，在任何艰难困苦和贫瘠的环境里，在任何风霜雨雪中都能扎根，存活，绽放出生命的尊严和芳华！"

黄建琴撇撇嘴说："咦，俊德，你现在怎么也变得像我们首长，像张副总长和张司令一样，文绉绉的，说话像作诗一样了？"

林俊德听了，扑哧一声笑了起来："我哪会作什么诗啊？我说的是大实话嘛！"

新的试验又开始了，一场接着一场，一场更比一场艰苦和艰巨……

有奋斗就会有牺牲。工兵连在地下山洞作业时，发生了事故，曾与林俊德朝夕相处的一个小战士，壮烈牺牲了！

还有一位战士在排哑炮时，壮烈牺牲，留给战友们的，只剩下飘荡在三十多米高空的一丝染血的红布片，还有一面燃烧过的鲜红旗帜……

林俊德从事的是爆炸力学研究，不可能不与炸药打交道。他也深知，只要接触炸药，就意味着将与致命的危险同在。所以，一方面他最怕听到的，就是战友牺牲的噩耗，同时，他也愈加感到自己所从事的研究的艰巨性。

有一次，在一处试验场地，林俊德背着一个水壶，军装几乎都湿透了，小心地调试着一台仪器。

他擦擦汗，转身看了看待在远处隐蔽处的同

事，脸上露出了自信和开心的微笑，用手势做了个已经OK的动作，然后，迅速撤离了试验地，跑向隐蔽处。

可是，因为炸药质量不过关，等了许久，也没有什么反应。林俊德说："你们都待在原地别动，我过去查看一下原因。"

说完，他跃出隐蔽处，朝着掩埋炸药的方向走去。最终，他在战友和同事们紧张的等待中，总算排除了险情。

罗布泊的孩子

春天里,天气暖和了,溪流边的马兰花也盛开了。

小鸟在孔雀河边的芦苇林里跳跃、歌唱,沙枣树和红柳丛又恢复了生机,蓬勃而茂盛。云雀欢唱着飞入云霄,沙鸡在戈壁上飞跑着,追逐着……

小春、海晨,还有在马兰出生的不少孩子,也在一天天长大。他们都是科学家、科技人员们的子女,因为出生在罗布泊,父母们都称他们是"罗布泊的孩子"。

"小春,海晨,回家吃饭了!"

黄建琴站在黄昏的小桥上,喊着正在小河边

捉小鱼的女儿林春和儿子海晨。两个孩子都长高了。

小春像个野小子，爬树、逮鸟、放羊……什么都不怕。弟弟海晨就像她的跟屁虫一样。爸爸妈妈不在家的时候总是那么多，所以这姐弟俩经常过着"吃百家饭"的生活。

林俊德一心用在工作上，根本就照顾不了孩子们。

有一天，像野小子一样的小春，不知道又闯下了什么祸，气得妈妈黄建琴扬着一根红柳树枝条，狠狠地教训着她。海晨也哭哭啼啼的，站在旁边陪伴着挨打的姐姐。

林俊德进了门，赶紧拉过抽抽搭搭的小春，问清楚了情况，然后数落道："怎么又爬那么高的树？上次不是为爬树挨过打的吗？怎么就不长记性哪！"

黄建琴没好气地把红柳树枝条摔在桌子上："她不摔断一条胳膊，不摔断一条腿，是不会长记性的！"

林俊德笑着说："好啦好啦，赶紧消消气，做饭去吧。"然后又问小春,"为什么要爬那么高的树?多危险哪!"

小春哭着说:"树上的鸟窝里有小鸟叫,我想给弟弟捉只小鸟。"

林俊德一听,想了想,笑着说:"哦,给弟弟捉小鸟!那也不能爬那么高的树呀!再说了,小鸟那么小,离开了鸟窝,鸟妈妈回来找不到鸟宝宝了,会多难受啊?对不对,海晨?"

海晨擦着眼泪,点点头。

林俊德说:"快擦干眼泪,都不要哭了!咱们不要小鸟,爸爸给你们孵小鸡,孵小鸭子,好不好?"

"真的吗?爸爸不会骗人吧?"孩子们喜出望外。

不久,林俊德果然找来一个纸盒子,铺上一些旧衣服,还在盒子边上挂起了一盏能提供热量的电灯泡。他用自己"发明"的这种科学的方法,竟然真的给孩子们孵出几只小鸡娃和小鸭子。

林春姐弟俩捧着小鸡娃在小伙伴们面前自

豪地炫耀着："看，这是我爸爸给我生出来的小鸡！"

没过多久，就有同事领着自己的孩子来敲林俊德的房门了，说："俊德，怎么办啊？我们家孩子也哭着闹着，让我给他'生'一只小鸡娃，这玩意儿我哪里'生'得出来啊？"

"是呀，大科学家，还是你厉害，你给帮帮忙，再'生'几只出来呗！瞧，鸡蛋、鸭蛋，我都给你送来了！"

这时候，林俊德真是哭笑不得，只好笑着对小春说："这下好了，爸爸自己的难题还没有攻克，你们又给爸爸找来新的难题了！"

黄建琴也摊摊手，苦笑着说："俊德，所里的人都说你心灵手巧、无所不能，没有什么能难住你的，你已经名声在外了。赶紧孵蛋去吧，人家的孩子都巴望着小鸡小鸭呢！"

林俊德说："你们有没有搞错呀？我是搞原子弹的，可不是孵鸡蛋、鸭蛋的！"

黄建琴说："反正都是'蛋'，大小不同而已嘛！"

罗布泊的孩子 149

有时候,黄建琴还这样数落小春姐弟俩:"你看看,你们两个都变成泥猴了!爬树、掏鸟窝、捉鱼……你说,还有什么事是你们不敢做、不会做的?"

小春跟妈妈犟嘴说:"爸爸会做小桌子、小板凳,我们就不会!"

妈妈说:"那你爸爸还会制造'罐头盒子'呢,你们怎么不学?"

"嘿嘿,爸爸不让我们进他的房间,还说,只要是他的东西,谁都不能碰!"

"玩,玩,就知道疯玩!看你爸爸回家怎么收拾你!"

"爸爸才不舍得打我们呢,只有妈妈肯下手打人!"

确实,林俊德因为工作太忙,从女儿和儿子的童年时代,一直到他们的少年时代,都很少顾得过来。

按说,林俊德夫妇两人都是大学毕业,都是科学家和知识分子。可是,他们的女儿林春长大后,却没能上大学。

夫妇俩对这件事一直心存愧疚。多年之后，有一次林俊德满脸愧色地对女儿说："你是我们的第一个孩子，我和你妈妈都没有培养孩子的经验，就权当你是我们的一个'试验品'，你就多担待吧！爸爸对不起你啊！"

儿子海晨上小学四年级时，离开基地，转到在福州居住的姑姑家上学去了。林俊德觉得不能再像亏欠女儿一样，亏欠儿子海晨了。所以，只要有一点儿空闲时间，就常常给儿子写信，叮嘱海晨好好学习，待人要诚实，平时千万不能撒谎，犯了错误要勇于承认，男子汉要学会担当……

爸爸、妈妈的每一次来信，小海晨都会躺在被窝里读上好多遍。爸爸在信上写过的那些话，伴随着他一天天长大。

夜深了，月亮挂在苍茫的山巅，红山营房四周一片静谧，人们都已经安睡了……

这时候，只有研究所的一个小窗口，还亮着昏黄的灯光。林俊德从桌子边站起身来，轻轻捶了捶腰部，看了看桌子上的小闹钟：指针已经指向了夜里十二时。

林俊德收拾了一下桌子上摆着的正在研究的玩意儿，放进了自己的"百宝箱"里。想了想，然后又从小书柜里找出一本《拓扑学》，拿起外套，锁好门，走出了研究室。

回到家后，他看到黄建琴也还没有睡下，正在给孩子缝补被树枝剐破的衣裳……

英雄的本色

漫漫黄沙，无休止地吹刮着千万年的荒原和戈壁。但是，美丽的马兰花年年在荒原上盛开，坚强的胡杨树也一年年回黄转绿，生生不息。中国的核试验事业，也像罗布泊上的春夏秋冬，冷冷暖暖，曲曲折折，在艰难中前行……

一九六九年，在罗布泊沙漠腹地，中国首次平洞地下核试验，也在绝密的状态下紧张地进行着。

一九六九年九月二十三日零时十五分，从罗布泊深处传出了一阵闷雷般的巨响。接着，就是一阵地动山摇，附近的山体抖动了起来，巨大的岩石瞬间化为一块块碎石。

中国首次平洞地下核试验爆炸成功了!

从首次核试验到首次地下核试验,历时五年。从一九六四年的中国首次核试验,直到一九九六年七月三十日最后一次核试验完成,我国一共进行了四十五次核试验,其中半数是地下核试验。

林俊德,是少数参加过全部四十五次核试验的科学家之一。

时光的脚步,转眼就迈进了一九七八年。拨乱反正,解放思想,改革开放……从中走过来的每一个中国人,不仅迎来了科学的春天,也走进了改革开放的新时期。

一九九六年夏季,在罗布泊深处绵延起伏的群山中,又一声惊天动地般的巨响传来,整个荒原大地和周围的群山,就像发生了强烈的地震一样,剧烈地颤抖了起来……

这一天是七月二十九日。中国的最后一次核试验,在罗布泊腹地的群山深处成功爆响。同一天,中国政府向全世界庄严宣布——

从一九九六年七月三十日起,中国暂停核试验。

中国做出这一郑重的承诺,既是对世界无核国家要求的响应,也是为了推动世界核裁军而采取的坚决的实际行动。

这一年,被称为"中国的奥本海默"的首任"核司令"张蕴钰将军,已届八十高龄。直到这时候,这位毕生领导和参与中国核试验事业的老将军,才在自己的回忆录里写下这样的话语:"我们这些人,和蘑菇云打了一辈子交道,但说实话,我从来就不喜欢蘑菇云!所有的中国人,都不喜欢蘑菇云,没有谁会喜欢这个东西……"

是的,正是因为不喜欢蘑菇云,所以,曾经生活在蘑菇云的恐吓阴影下的中华民族,才不得不挑选出一群优秀的儿女,走向戈壁大漠,选择了那片被称为"死亡之海"的地方,与有着"世界毁灭者"之喻的原子弹、氢弹,展开了一场殊死较量……

现在,这场殊死较量,终于宣告终场了。

这时候,林俊德和他的战友们,包括他的夫人黄建琴在内的这些女兵的青春芳华,全都献给了罗布泊,献给了那一段为共和国铸造"核盾"

的激情燃烧的岁月。

所有曾经隐姓埋名,在罗布泊奋斗了一生的英雄儿女,汗水和热血都没有白流。正是他们,用自己的青春、智慧、眼泪、汗水,甚至生命,为我们的共和国铸造了一面强大的"中国核盾",使今日中国的大国地位有了坚强的支撑,也让我们实现伟大而瑰丽的中国梦,实现中华民族的伟大复兴,拥有了足够的底气和力量!

送走了奋战在罗布泊的五十年艰苦岁月之后,林俊德和他的许多同事与战友,现在都已经成了赫赫有名的科学家、院士、将军和教授。

林俊德时常对身边的学生和年轻人说:"我们这一辈子,只干了一件事,就是核试验。但我觉得自己的一生很充实,很满足!"

他也经常对早已长大的儿女们说:"我们都是罗布泊人、马兰人,你们也都是罗布泊的孩子、马兰的孩子。你们要记住,罗布泊的那句古语'肖尔布拉克',就是戈壁沙漠里的圣泉的意思,哈萨克牧民称之为'碱泉'。我们这一代在罗布泊奋斗过的人,有着几乎同样的秉性与命运,那就是,即使在这碱泉里泡三次,在沸水里煮三次,在血水里洗三次,也痴心不改,无怨无悔!"

有一天,林俊德正在家里一边自己动手做着沙发,一边和老伴黄建琴说话。简单的客厅里,只有几件日常必需的老旧家具,墙上挂着他和家人的合影。

这时,林俊德带过的一个学生,满脸羞愧地走进来,和自己的老师道别。这个学生可能是受到了社会上经商大潮的影响与诱惑,也可能是忍受不了在遥远的罗布泊从事科学研究的那份寂寞,所以最终选择脱下军装,要离开马兰基地了。

林俊德把这个学生留下来,吃了一顿简单的晚餐,然后对他说了一番肺腑之言:"我们这一代人啊,在罗布泊隐姓埋名将近五十年,虽然苦、累、委屈都经受过,还有那么多的战友死在了这里,埋在了这片沙漠下,但是我们没有一个人自愿离开这里!'文化大革命'期间,一场风暴曾经把我们这些人逼到了离开马兰的半路上,但是最终我们还是返回了基地，回到了马兰的怀抱里……"

林俊德的一席话，说得那个学生满脸羞愧地低下了头。

这个学生走后，林俊德又把儿子海晨、女儿林春叫过来，长谈了一次。

儿子海晨在一九八九年考入了长春理工大学电子工程系。大一时，辅导老师问他，想不想进步？有没有向党组织靠拢的意愿？海晨满心自豪地在第一时间把这个好消息告诉了爸爸。他以爸爸林俊德为榜样，时刻都用高标准要求自己，不仅光荣地入了党，还骄傲地入了伍，成了一名青年军人。

儿子和女儿长大后的表现，没有让他这个爸爸失望。尤其是从儿子海晨身上，他觉得好像能看到自己当年的影子。

他满怀欣慰地对黄建琴说过："这就是马兰的儿子，红山的儿子！我们这两个'红二代'，没有辜负红山的'百家饭'对他们的养育！"

林俊德是一位宽厚的父亲，更是一位久经考

验的老党员。所以，他在日常生活中，一直用一种艰苦朴素、明亮清正的家风，影响着孩子们，对国家和社会不忘初心，默默奉献。

一九八九年，单位给林俊德家里装了一部电话。林俊德一再叮嘱全家人："这部电话，是办公用的，基地也许会有什么紧急事情打进来，你们谁也不能随便使用。"

海晨在外地上大学期间，林俊德都是用写信的方式跟儿子保持联系，没有从家里打过一次长途电话。

有一次，全军组织召开一个研究成果的评审会，林俊德应邀担任评委。评审前一天晚上，有个参评单位的领导敲开了林俊德的门，简单介绍了成果情况后，又塞给他一个信封说："请多关照。"

林俊德惊奇地问："信封里装的是什么？"

这位领导说："一点儿小意思，一点儿评审费。"

林俊德笑着说："我们都是做具体工作的，该怎么做就怎么做，用得着这样吗？"

对方尴尬地笑笑说:"这都是惯例,也算'规矩'吧。"

林俊德一听,直截了当地说:"这是你们的'规矩'!在我这里,也不存在这样的'惯例'!"

来人最后只好拿起信封离开了。

发生在林俊德身上类似的事情,真是太多了。有一次,林俊德对基地领导感叹:"我这个人,一生最大的缺点,就是说话太直,得罪人,不懂人情世故,不会'做人'……"

领导说:"这可不是什么缺点,这是你的本色!"

也曾有个单位的负责人,知道林俊德这个人一向耿直无私,"不好说话",有一次听说林院士要出席一个评审会,希望能通过基地领导出面,提前给他"做做工作",请他"通融通融"。

基地领导一听,直接回绝说:"你们别费这个劲了!林院士的性格我太清楚啦,连我平时送给他的一点儿茶叶他都坚持不收。我可丢不起这个面子,你们还是好好准备材料,实事求是,参加评审吧。只要是成果好,过林院士这一关不是问题。"

在研究所里，大家都知道林俊德是一个公私分明，从来不会占公家一分一毫便宜的人。他的妻子黄建琴也是马兰基地有名的"核大姐"之一，在基地奋战了二十多年，但是一次也没有去过马兰周边的旅游景点。退休后，她一直在家里做林俊德的后勤，料理家务、带孙子，很少回马兰基地。

二〇〇五年夏天，林俊德对黄建琴说："这段时间，基地里的任务不太紧迫，你过来吧，我带你到周边转转、看看。"

黄建琴第一次看到林俊德有这样的雅兴，就高高兴兴地回到了马兰基地。基地领导闻讯，觉得难得碰上林院士这样的好兴致，就特意为他们"设计"了一条旅游路线，还细心地为这两位马兰基地的老功臣安排了陪同和照料人员。

可是，林俊德却一点儿也不领情，反而严厉地说道："我们是自己要出来走走、转转，怎么能让公家买单？你们要这么安排，那我就不去了！"

英雄的本色

老夫妻俩在罗布泊奋战了大半辈子,却是第一次来到美丽的巴音布鲁克景区参观。沿路买票、吃饭、住宿,都是林俊德自己掏钱买单。

回到部队后,基地提出要给他们补助一点儿食宿费用,林俊德一口谢绝了,自己还另外拿出一万元,交给基地办公室,作为使用了公车的费用。

年轻的一代科研人员,时常在林俊德面前赞美和羡慕伟大的"两弹一星"精神。还有的学生请教林院士,究竟什么是"两弹一星"精神呢?林俊德用通俗易懂的大实话,告诉身边的年轻人说:"热爱党、热爱祖国、默默奉献、淡泊名利,就是'两弹一星'精神;自强不息、艰苦奋斗、锲而不舍,也是'两弹一星'精神;协同作战、勇于担当、不断创新,也是伟大的'两弹一星'精神!"

童话里的"魔袋"

林俊德是一位将军院士,一位孜孜不倦地追求科学强国梦想的科学家。当拜金主义、物质主义、享乐主义、娱乐至上……这些恶俗的风气甚嚣尘上的时候,他既看不惯,也难以理解,甚至感到烦恼和担忧。但只要一工作起来,他就好像忘记了这些烦心事一样,依然是那么投入和忘我。

大家都知道,林俊德院士点子多,是个有名的工作狂人。

无论是在基地里,还是在研究所里,都流传着不少他在科学研究上的小故事。从这些小故事里,我们看到了一位科学家永不止步的奋斗精神、求索精神、创新精神,也能感受到一位共和国赤子的家国情怀、淡泊名利的奉献精神。

有一些日子,为了尽快攻克爆炸工程技术上的一个难关,已经年逾花甲的林俊德,带着同事和学生们,在办公楼附近挖了一个大土坑,每天爬上爬下,一次次地做试验。冬天寒冷刺骨,夏天闷热炙烤,大家经常是一身泥一身土,灰头土脸的样子。所以,大家给林俊德将军起了个"雅号",叫"民工院士"。

林院士搞科研,平时总是充满好奇心,喜欢动心思、想门道,尤其喜欢发挥想象力,采用常常被人们轻视的一些土办法,来解决大难题。

早先他在研制压力自记仪的时候,就从长安街上电报大楼的大钟上,获得了灵感和启示。

后来又有一次,为了获取一个实验所需要的铅皮,他又发明了用钢棒"手工擀制"的办法,像擀饺子皮一样,硬是把1毫米厚的铅皮,擀成了0.2毫米厚。

还有一次,他在出差途中,竟然买了一块用特殊木材做成的菜板,带回了研究所。有人好奇地问道:"林院士,您啥时候变得这么细心了,能想到给黄老师买切菜板了?"

"切菜板?"林俊德笑着说,"那好,我现在就切开它,看看它的密度和硬度如何!"

原来,这些日子里,他正在寻找一种做力学实验用的材料。他反复试验过,铁制的,太硬;塑料的,又太脆软。这次出差途中,他突然发现了这块切菜板,感觉在密度和硬度上,似乎符合他理想中的材料条件。正是这块特殊的切菜板,帮助他打开了选用什么材料做弹丸的新思路。

又有一次,女儿林春从外地回来,特意给爸爸买回了一个当时很流行的保温杯,又叫太空杯。

"给,爸爸,这种新式的杯子可不便宜哟,保温性能很好!你冬天里用来装热水喝。"女儿说。

林俊德看了,很是高兴。不过,没过两天,他竟趁着女儿不在家,找了把刀子在杯子上又削又剁,最后竟然用钢锯,把这个保温杯"大卸八块",硬生生地给"肢解"了!

原来,他是对太空杯所用的材料,还有它

的内部结构,产生了好奇。"这个东西,真不简单!"他捧着杯子的碎块对女儿说。

女儿真是哭笑不得,只好说:"爸,你也不简单呢!这么精致的东西,你也能给锯开了!下次再给你买个新的吧。"

这个太空杯的内部结构,给林俊德带来了启发,他改进自己的设计方案,又取得了关键部位技术上的一个突破。

在他的同事之间,还流传着一个"两根铜丝解难题"的小故事。

原来,在做声靶自动检测试验时,需要用多个传感器来探测声波,每一个传感器的性能都要标定。整个项目组上上下下,想了很多办法,都没有攻下这个难关。

后来,还是林俊德用他的土办法解决了问题。他设计了一个用两根铜丝做成的电火花发生器,用电容器充电,两根铜丝一碰,产生了电火花,就会出现一个爆炸信号。利用这个信号,就能测出传感器是不是正常。

在这个土办法的基础上,林俊德后来又继续

加以创新，在整个系统上装了一个自检系统，通过指令发出信号，信号正常了，就说明整个系统可以运行了；如果出现了故障，也能通过自检系统有效地排除。

林俊德院士有个常年提在手上的结实布袋，同事们称它是童话里的"魔袋"和"锦囊袋"。

这个袋子里装的全是人们常见的一些东西：照相机、测量工具、记录着一些试验数据和突发灵感的小纸条，还有铜丝和瑞士小刀什么的。

正是从这个神奇的"魔袋"里，林俊德给项目组和一些遇到难题的同事，贡献了许多奇思妙想和锦囊妙计。

林俊德是一位逻辑严密的科学家，虽然有丰富的想象力，却也从不好高骛远、浮夸和盲从。

同事们都知道他有几句名言："不要被别人牵着鼻子走路。""做学问、搞科研，一定要实事求是，用真实的数据说话。"

有一次，他在国外看到了某项技术的相关资料。几乎是出于一种本能的职业习惯，他很快就把国外的研制成果和国内的同类情况做了比较，然后做出了自己的判断。有同事提出,是不是购买这些资料带回国内去做参考,林俊德自信地回答说:"不必给国家浪费这些冤枉钱了,也不用迷信这些东西。我们自己搞得出来!"

有的同事曾笑称,林院士就连戈壁上的沙子,也会用来作为试验的特殊材料的,不仅解决了技术难题,还给国家节约了大量经费。

忘我的人

二〇一二年的春节临近了,西安的大街上,一些商店门前,已经洋溢着新年的气氛了。

黄建琴对林俊德说:"老林,我们是不是也该去采购一点儿年货,准备过年了?"

"这个……还是像往年一样,越简单越好吧,把时间浪费在过节上,没有必要。再说了,我得抓紧时间,给基地吴司令写个详细的爆炸力学方面的材料。"

林俊德对日常生活,向来都是能简单就尽量简单。

黄建琴说:"你那些课题太专业了,人家吴司令日理万机,那么忙,哪有闲工夫看那么专业的东西？你还让不让人家过年啊？"

林俊德笑着说："老黄同志啊，这你就不明白了！爆炸力学，可是咱们基地赖以看家的关键学科，是基地下一步技术发展的重要领域，我早就想跟吴司令详细谈一谈了。正好利用春节这个假日吧。"

"你不好好过年不要紧，人家吴司令也不过年啊？"

林俊德笑着说："吴司令这人，我了解，和我一样，十足的工作狂，没问题的。我提出的业务上的建议，他会听的。"

"人家听你的建议，那是尊重你，可你也得听听人家的建议，尊重尊重人家啊！"

"我哪里不听他的建议了？"

黄建琴埋怨说："人家吴司令说过几次了，让你搬到新盖的独门小院去，你怎么老是不搬？还有，所里也说了你几次让你去好好体检一下……"

林俊德当然知道老伴这样数落，是为他的身体担忧，就随口应承着说："好吧，好吧，都听你们的！新房子，过了年就搬；身体，以后好好保养！这下你该满意了吧？"

转眼就到除夕了，外面不时响起噼里啪啦的鞭炮声，林俊德却还在办公室里忙碌着。他搁下笔，把厚厚的一沓材料装进一个牛皮纸大信封里，封好口，然后在信封上写下：吴司令亲启。

接着，他又从柜子里拿出一个白色纸包，轻轻摊开，仔细地分辨着一些粉末……

正在这时，门突然被推开了，一阵风吹来，吹散了粉末，吹了林俊德一脸的白灰。

进来的是林俊德的学生小贺。小贺一见这情景，慌了神："哎呀，对不起，林院士，都怪我太鲁莽了！"

林俊德一边自己处理着粉末，一边问道："小贺，这么晚了，不好好在家过年，跑到办公室来干什么？"

小贺说："我看见您办公室里还亮着灯，怕您忘记了今天是除夕，就来看看……"

"哦，那你来得正好。后天，不，最好是明天一早，就把这封信送给吴司令。"

"林院士，明天，大家都过年放假了，吴司

令他……"

林俊德这才恍然大悟，笑了笑说："是呀，都放假了。放假了也请你给我送过去，早点送去，吴司令可以早点批阅。"

"好的，林院士，您放心吧。"

这时，林俊德突然感到胃部一阵剧痛，赶紧用手按住，紧紧地靠在椅子扶手上。小贺吃惊地上前扶着他，焦急地问道："林院士，您这是怎么啦？"

林俊德咬着牙说："不……不碍事，可能是坐……坐久了！"

小贺说："那我赶紧送您回去休息，您要多保重啊！"

林俊德痛得额头上瞬间渗出了汗珠，却不忘叮嘱小贺说："不要大惊小怪的！小贺，你先出去一下，我锁好保险柜。"

等小贺先走出门，林俊德一手紧紧按着胃部，一手把一些物品、文件锁进背后的保险柜里，调整好密码盘，然后环视了一下，确认已经没有问题了，才关上灯，吃力地走出了办公室。

这时候，谁也不知道，林俊德的身体到底出现了什么问题。他自己更没有想到，在他身体里潜藏已久的可怕的病魔，正在张牙舞爪地向他逼近……

二〇一二年五月四日，经医院确诊，林俊德的病情完全超出了大家的意料：胆管癌晚期！

这个诊断结果，把所有人都惊呆了！

怎么会这样？林院士看上去一直都是那么精力充沛、那么热情和乐观，除了工作，还是工作，哪里有半点病人的样子啊？

二十天后，五月二十三日，林俊德被安排转入另一所医院。在医院院长办公室，基地领导向医院领导及主治医生询问着林俊德的病情。

医生痛心地如实相告说："林院士的病情，比我们预想的还要严重！已经显现出胆管癌晚期的症状，而且，癌细胞……已经扩散……"

基地领导问："现在最积极的治疗方案是什么呢？"

主治医生回答说："当然是手术治疗，其次是透析治疗。"

基地领导说:"林院士是我们的'国宝级'科学家,在他的手上,正在进行着两个极其重要的国防科研项目,而且是……而且是绝密的!你们明白吗?请你们一定要尽所有的努力,挽救他的生命!"

医院院长说:"吴司令,您不必再说什么了,我们明白!我们医院一定竭尽全力……"

基地领导握着院长的手说:"我代表国家、部队和人民,谢谢你们,也请求你们……"然后,他又眼睛湿润地对着医生们说,"同志们,拜托啦!拜托啦!"

林俊德得知自己需要做手术和化疗,竟一口拒绝了。他对吴司令恳切地说道:"我的病情我已经清楚了,医院的情况我也清楚,你不必再劝了。我现在最需要的是时间,你赶快安排我回到研究所,我需要一段时间把电脑里的材料整理出来,不然,后来人是根本看不懂的。书面材料恐怕是来不及做了,以后让我的学生慢慢整理吧!"

他和基地领导闭门谈了一个多小时,包括许

多关于涉密项目的事情。最后，他又握着吴司令的手说："我这一生，从来不愿给组织添麻烦，我的老伴、孩子也都是本分人，今后有饭吃有衣穿就行了，除非有天大的难事找你，否则你不要过问，影响不好。"

稍稍停了一会儿，林俊德又小声说了一句："把我埋在马兰。"

基地领导听了这句话，心如刀绞一般，转过身去，眼泪夺眶而出……

五月二十六日，他的病情突然恶化，被送进了重症监护室。

醒来后，他要求转回普通病房，因为在普通病房里还可以工作。他说："我是搞核试验的，一不怕苦，二不怕死，现在最需要的是时间。"

他一再叮嘱来探视他的基地首长、同事和学生们："我没有时间了，你们看望我一分钟就够了，其他话跟建琴说吧，我没有时间和你们说话了。"

他让黄建琴就近找了一间房，专门接待前来看望他的人，包括远道而来的家乡的亲人。

在病房里，只有他的学生可以待得久一些，因为他可以向学生们交代工作，叮嘱他们下一步工作中要着重注意解决的问题。

在住院期间，林俊德分秒必争地整理和移交了自己一生中积累的全部科研试验技术资料。

五月三十日，林俊德腹胀得难受，诊断为肠梗阻。医院决定给他做肠梗阻手术，他态度坚决地对医生说："我不能做！即使做了手术能延长几天生命，但是又不能工作，这没有意义。"

医院院长又召集专家会诊，建议给他做透析治疗。他问院长："做透析，是否会影响工作？"院长懂得他的意思，却不忍如实相告，只好对他说："不影响工作。"

可是，在主治医生准备给他治疗时，他又问了一句："做透析会不会影响工作？"

医生不忍心再隐瞒他，就说："肯定不应再工作了。"

林俊德一听，坚决不做透析了，无论大家怎么劝说都没用。

这时候，林俊德的身上已经插满了各种管子。

忘我的人 177

虽然基地首长、医院的医生们，还有他的家人，都有了心理准备。但是，每个人都不愿相信，从五月三十日这天起，林俊德的生命已经进入了"倒计时"。

他正在使出全部的毅力和气力，与时间赛跑，和死神搏斗……

奋斗到最后一刻

林俊德是一位脚踏实地、实事求是的科学家，是一位在罗布泊大漠里出生入死，为祖国铸造"核盾"的共和国英雄。无论什么时候，他都能保持着头脑清醒，坚信国家的使命、基地的任务，比自己的生命更重要。

还在他刚刚住进医院的时候，他就预感到，也许生命留给他的时间不会太多了，所以他让女儿买来一个笔记本。在笔记本上，他冷静而清晰地写下了他最后要完成的，以及需要交代给同事和家人的一些最紧要的事情——

第一页上，详细记录着与他的工作密切相关的学生和同事的联系方式。

第二页是重要事情的列目，包括：计算机、保密柜清理；试验装置技术；家人留言（空白）；宿舍、办公室物品清理。

第三页是一些重要事项的交代，包括：电脑开机口令；台式机全部内容格式化清空后交还单位；锁死笔记本（在保密柜里），清空工作内容，保留个人资料。

第四页是保密柜开锁示意图。

第五页是保密柜里的物品处理：上交单位的物品（包括一台尼康相机和小榔头等试验工具）；私人物品。

第六、七、八页：工作手稿。

第九、十页：力学试验。

第十一页：家人留言（空白）。

因为他长期在做的是一些保密的研究项目，所以，他首先想到的就是或整理，或上交，或交接给后来人，或清空等事项。

实际上，他在生命最后的两天时间里，把所有重要的事情都做完了，只有一项是空白的：没有来得及给家人写下只言片语的留言。

在他去世后，医院里的主治医生、护士长，还有他的家人和学生一起，含着眼泪梳理出了一份"生命倒计时"的记录。

这是一位共和国赤子、一位共产党员、一位科学家、一位将军，在生命的最后一刻，仍然坚守在自己的"阵地"上，用一种非凡的毅力、赤诚和勇气，写下的一段壮烈的"履历"！

护士长安丽君，在临床一线工作了二十多年，曾经送走了许多病人。在采访她时，她谈起林院士当时的情景，仍然禁不住热泪盈眶，说林院士是她二十多年来见过的最坚强，也最让她敬佩和难以忘怀的一位病人。

在护士长的帮助下，我们重睹了林俊德最后的那段"生命倒计时"的记录：

五月三十日十八时四十分，林俊德要求拔除胃管。护士长强烈建议留置，林院士却坚决要求拔掉，他说："人不吃不喝可以活七天，没问题。"十八时五十二分，护士长进来，看到林俊德仍在工作，就对他说："林院士，要是累了就休息会儿，千万不要硬撑。"他大声说："好。"老伴想要喂他吃药，他坚持要自己喝。

十九时，老伴劝他歇一会儿，他说好，然后关掉电脑，并执意要站着休息。十九时十分，老伴问他："是不是要喝中药？"他喝了一口，觉得好苦，说："给我颗糖就可以。"老伴连忙答应了。十九时三十五分，他听从了大家的建议，上床休息。

二十时，全家人一起合了个影。他的妹妹远道来看他，他很高兴。妹妹对他说："小时候玩游戏，我总是输给你。"边说边用手帮他梳头发。老伴说："一直都是他自己每天把头发梳得整整齐齐的，从来不让我给他梳。"妹妹说："我从几千里远的地方来，给哥哥梳梳头，他能不愿意吗？"他笑着点头说："愿意，愿意。"并开玩笑说，"要浪漫一点儿。"大家都笑了。妹妹说："哥，孙悟空取经都要经历九九八十一难，你要拿出搞科研、搞工作的那种顽强的精神。"他坚定地说："没问题。"他的老同事一直陪伴左右，林俊德几次让老同事走，老同事都笑着说："我多陪陪您，要是没有您，就没有我的今天。我记得第一次看您的时候，给您提了几斤瓜子，您非要给我三块钱。从那以后，我就再不买东西来看您了。"

二十时二十分，他对大家说："都回去吧，女儿也回去吧。你们在这里，会给我负担，我会很累。"老伴笑着说："好，你们走，老伴留下，老伴肯定要在的。"他说："对！一直都在。"

二十时三十五分，同事和学生来看望。他断断续续地说："我不善于交往活动，只喜欢实事求是地搞科研。咱们花钱不多，做事不少。咱们讲创造性，讲实效，是为国家负责。马兰精神很重要，艰苦奋斗，无私奉献，希望大家继承马兰精神，让国家、人民尊重我们。人的能力有限，时间有限，但只要努力，都能体现出自己的价值。我一辈子只做了一件事，就是核试验，我很满意。一辈子支持我的就是诚恳，不侵害别人利益，对别人宽容，对自己严格。我本事有限，但是尽心尽力。谢谢大家！"学生要扶他上床休息，他拒绝了。

二十时五十分，他提出要跟学生们合个影，

要用自己的相机。女儿把相机拿给他,他戴着老花镜亲手调试,反复试拍。临走时,他的学生及老部下依次上前握手,并忍着悲伤,一一亲吻了他的手背。

二十一时十八分,家人让他休息,他不肯,又打开电脑开始工作。

二十一时四十分,家人问是否喝中药,他喝了小半碗,然后继续工作。女儿一直陪在他身边。他坚持用电脑工作,不让他人打扰。

二十二时零一分,护士长到病房,询问他坐了多久,建议不要劳累,要多休息。他答应并关掉了电脑,准备休息。

二十三时二十分,他总算离开电脑,开始休息了。

第二天,五月三十一日,七时四十四分,他就要求起来工作,家人劝他再休息一会儿,说戴着氧气面罩行动不便,他同意了。

八时三分,又下了胃管。医生通知要换一次血,不然上午这一关难过。家人遵照他的意愿,放弃了换血。

八时五十二分，医生一再嘱咐，千万不能让林院士睡着。他的老伴和妹妹，俯在他耳旁，不停地跟他说话。

九时二十六分，他突然说："我要工作。"护士跟他商量说，过一会儿就让他工作。他点头答应了，但说话比较吃力。

九时三十分，他再次要求工作。护士说："等您再休息一阵，身体好一点儿了再工作，好吗？"他说："不，我等不了了。"女儿问他："爸，肚子难受吗？"他摇摇头，说："不，我要工作。"女儿说："你要弄什么？我帮你弄。"他说："不行，我自己来，我要工作。"看到女儿在悄悄流泪，他对她说："坚强点，要高兴。"这时候，因为戴着氧气面罩，他的声音有些闷，但很坚定，他继续说："我要工作。"女儿说："好，我把笔记本支上。"他要求坐起来工作。女儿和护士自然都不同意，但他坚持要坐起来。大家跟他商量，坐在床上是否可以？他坚持要坐到工作台前。他说："在工作台上工作效率高！"他的态度很坚决，大家只好准备让他下床工作。

奋斗到最后一刻

九时五十五分,家人、学生和护士一同把他扶到桌旁。问他坐着能行吗,他很坚决地回答:"没问题。"在场的医生、护士、家人和学生多次劝他休息,他说:"不要强迫我,我的时间太有限了,你们不要打扰我,让我专心干点工作。"

十时三十分,在家人的劝阻下,他暂时停下了工作,但只愿坐在椅子上休息,不愿躺倒在床上。他说:"就坐着休息,我不能躺下,一躺下就起不来了。"随后他继续工作。

十时四十五分,大家再次劝他躺下来休息,但他只愿坐着休息,休息了几分钟又开始工作。十时五十四分,他向学生交代电脑中的资料,要求资料从电脑中找,已经按ABC的顺序排好序。十一时零九分,在众人劝说下,他依依不舍地离开工作台和笔记本,躺在了床上。

亲属、战友、学生一直陪在他身边。

十二时十五分,基地领导来病房看望他,对他说:"林院士,大家都会向您学习,感谢您!感谢您!""院士,爆炸力学这个您开辟的事业,我们一定会继续发扬光大!"他依依不舍地看着大家，轻轻点着头。十二时三十分，他向女儿交代了自己电脑上的文件夹名及排序，还强调说，顺序一定要规范。

十二时四十六分，他又对守在身边的女儿和儿子说："照顾好你妈，一切简单。"儿子说："爸，您跟我说的话我都记着，您放心，我们一定照顾好妈妈！"

十四时零九分，林俊德院士陷入昏迷状态。老伴黄建琴一直紧紧握着他的手，贴在他耳边说："老林啊，这是我第一次把你的手握这么长时间！四十多年了，你把家当旅馆，一心扑在工作上，你现在总算属于我了……"

在这期间，他时而昏迷，时而清醒，嘴里喃喃地、反复念叨着，办公室里还有什么资料要整理，密码箱怎么打开，整理时要注意保密……

十九时二十分，他的一个远道赶来的学生，来到了他身边。老伴俯在他的耳边说："老林，钟博士来了。"

他的手指微微动了一下。钟博士轻轻握着老师的手，贴在自己脸上说："林老师，您就像父亲一样摸摸我的头吧。"

其间，他的呼吸时而停止，时而又恢复过来。

二十时十五分，检测仪上的心电图慢慢变成了直线。

前两天，他的同事们特意从马兰采来一束新鲜的马兰花，插在他床边的瓶子里。此刻，马兰花的最后两片花瓣，无声脱落到了地上，伴随着林俊德院士的生命，平静地离开了。

初夏时节的古城西安，天空中飘洒起淅淅沥沥的小雨，好像在为这位远去的英雄哭泣……

"把我埋在马兰。"这是林俊德临终前留下的唯一要求。

林俊德院士去世后不久，他的夫人和战友，也是最早奋战在罗布泊沙漠和马兰基地的"核大姐"之一的黄建琴，把基地上送来的十万元抚恤金，全部交给了组织，替林院士交了最后一次党费。

二〇一三年一月十七日，中央军委主席习近平签署命令，追授林俊德院士"献身国防科技事业杰出科学家"荣誉称号。

二〇一八年九月,经中央军委批准,林俊德成为十位"全军挂像英模"之一。这十位全军挂像英模人物是:张思德、董存瑞、黄继光、邱少云、雷锋、苏宁、李向群、杨业功、林俊德、张超。